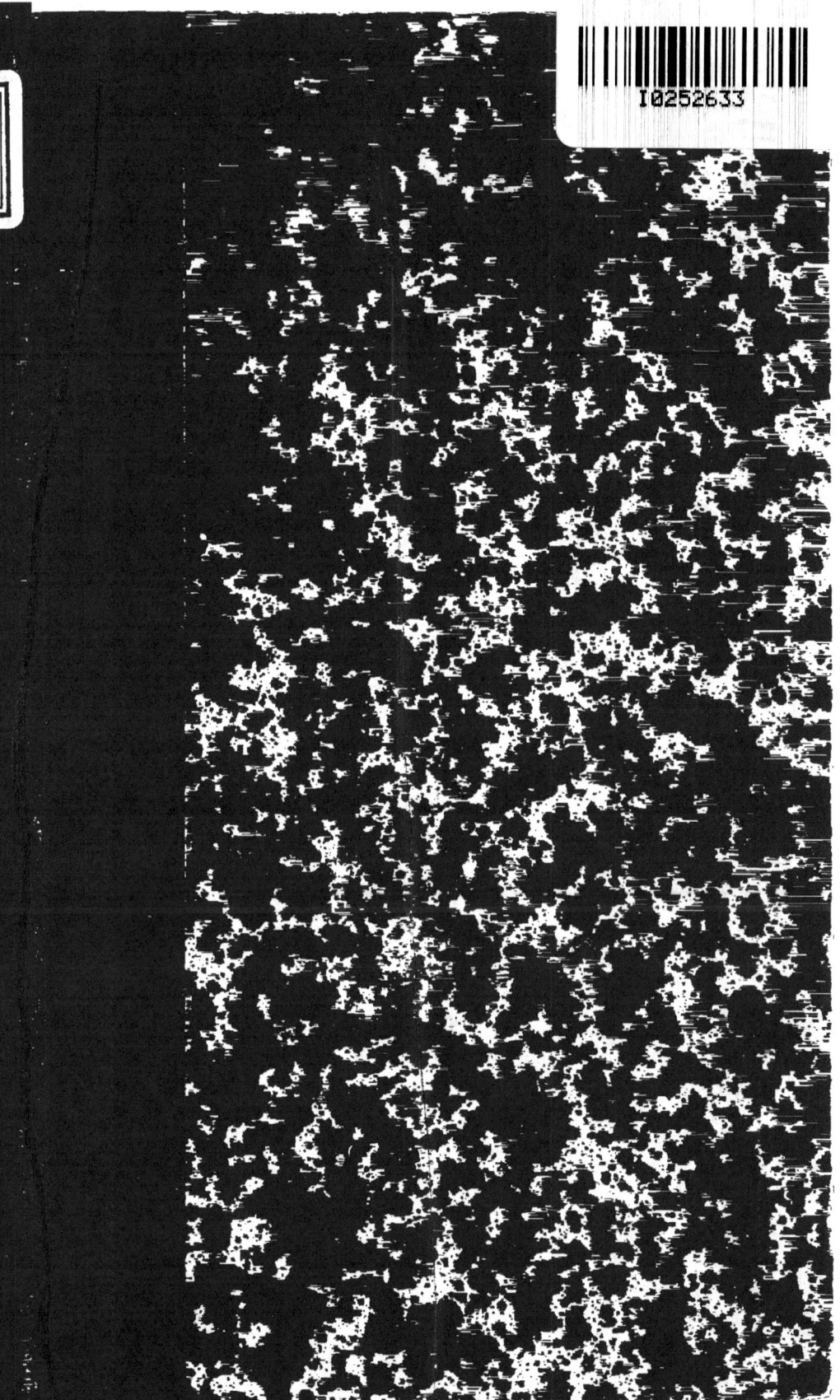

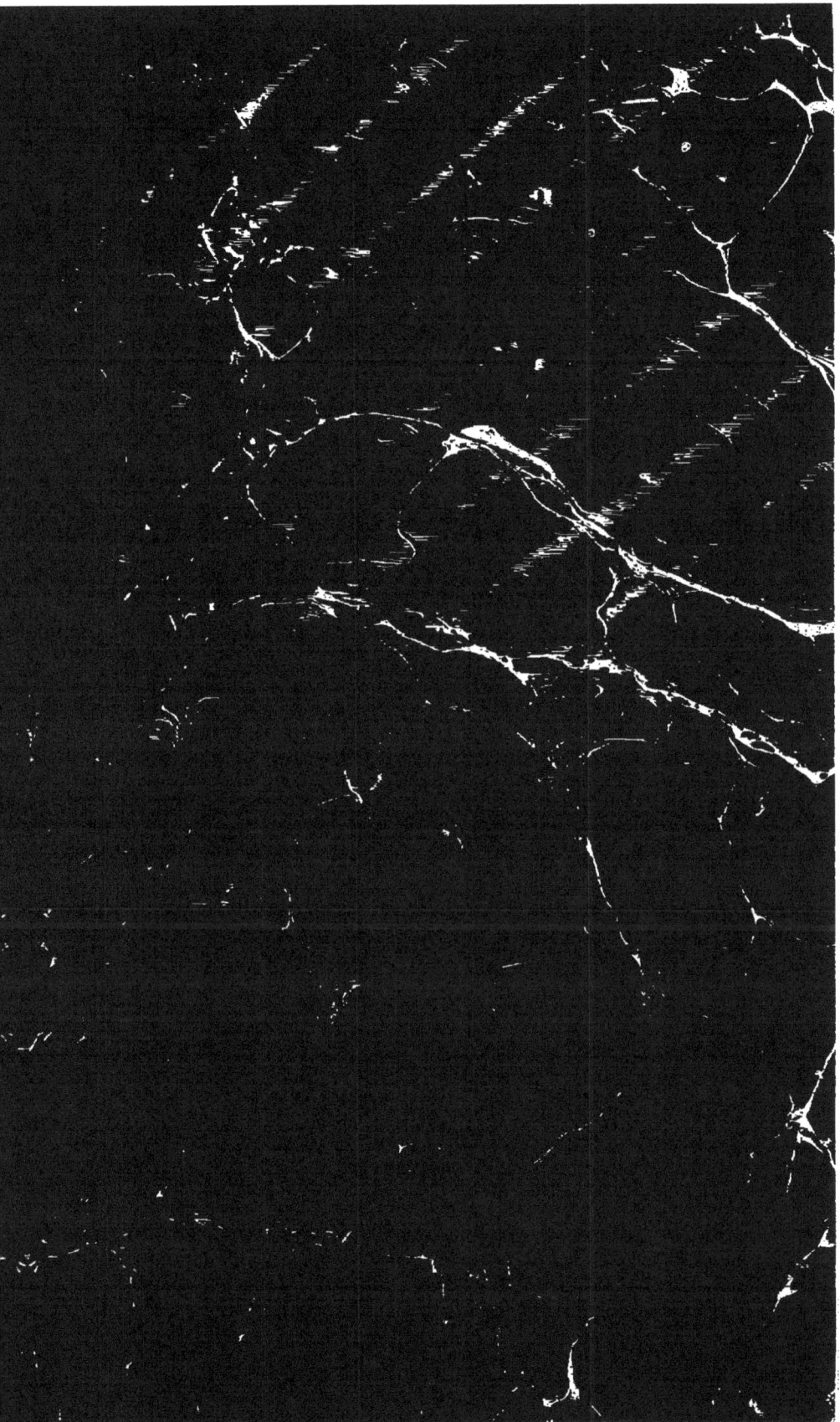

CHEFS-D'OEUVRE

LITTÉRAIRES

DU XVIIE SIÈCLE

COLLATIONNÉS SUR LES ÉDITIONS ORIGINALES
ET PUBLIÉS PAR M. LEFÈVRE

PARIS. — TYPOGRAPHIE DE FIRMIN DIDOT FRÈRES,
RUE JACOB, N° 56.

PENSÉES, MAXIMES

ET RÉFLEXIONS MORALES

DE LA ROCHEFOUCAULD

AVEC LES VARIANTES DU TEXTE

ET L'EXAMEN CRITIQUE DES MAXIMES

PAR AIMÉ-MARTIN

PARIS

LIBRAIRIE DE FIRMIN DIDOT FRÈRES

IMPRIMEURS DE L'INSTITUT

RUE JACOB, 56

M DCCC LV

AVIS DE L'ÉDITEUR.

1822 ET 1844 [1].

Depuis la mort de La Rochefoucauld, les éditions du livre des *Maximes* ont été très-multipliées; mais il n'en est aucune dont le texte n'ait souffert de nombreuses altérations. M. Suard est le premier qui se soit permis cette espèce d'infidélité : il est vrai qu'il annonça la découverte d'un manuscrit de l'auteur ; mais ce qui prouve jusqu'à l'évidence que ce manuscrit est supposé, c'est que toutes les corrections sont grammaticales, et qu'on y fait parler à La Rochefoucauld une langue dont les règles n'ont été posées que par les grammairiens du dix-huitième siècle.

Un autre reproche non moins grave qu'on peut lui adresser, c'est d'avoir replacé dans le corps de l'ouvrage vingt-quatre des Maximes que l'auteur en avait retranchées.

Le savant Brottier s'est élevé avec force contre cette falsification du texte de La Rochefoucauld ; mais, soit qu'il n'ait pu se procurer les éditions originales, soit qu'il n'ait pas eu le temps de mettre la dernière main à son travail, l'édition qui porte son nom n'est point exempte de ce genre de fautes. Nous en avons compté cinquante-cinq, qui n'ont pu être faites que par l'éditeur.

Ces deux éditions ont servi de type à toutes les autres, personne n'ayant pris la peine de les comparer avec celles publiées du vivant de l'auteur, et qui sont au nombre de cinq.

L'édition de 1665 renferme trois cent dix-sept Maximes, en comptant la dernière sur la Mort, qui ne porte pas de numéro. L'édition de 1666 fut réduite à trois cent deux Maximes. Celle de 1671 en renferme trois cent quarante et une, et celle de 1675, quatre cent treize : c'est dans cette édition que se trouve, pour la première fois,

---

[1] L'édition de 1844, donnée par M. Aimé-Martin et par nous, étant complète pour le texte et les variantes, nous la reproduisons avec la table analytique qui se trouve à notre édition de 1822. LEF...

AVIS DE L'EDITEUR.

l'épigraphe : *Nos vertus ne sont le plus souvent que des vices déguisés*. Enfin l'édition de 1678, où le nombre des Maximes s'élève à cinq cent quatre ; c'est la dernière que l'auteur ait revue. Nous la reproduisons ici sans aucune altération [1].

Tout ce que nous a fourni notre travail sur les premières éditions se trouve dans celle-ci ; mais nous avons cru nécessaire de faire une distinction entre les Maximes que l'auteur avait supprimées et celles dont il n'avait que changé la rédaction. Les premières sont rejetées dans un supplément; les secondes, devant être considérées comme des variantes, ont trouvé place au bas du texte.

Ce travail devait nécessairement précéder celui que nous avons essayé de faire sur la partie morale du livre; car il importait de n'attaquer l'auteur que sur ses paroles, et surtout de ne lui point reprocher des Maximes qu'il semblait avoir jugées lui-même en les supprimant [2].

L. AIMÉ-MARTIN.

Mai 1822.

[1] Une sixième édition fut publiée chez Claude Barbin en 1693, un peu plus de douze ans après la mort de l'auteur. Cette édition renferme cinquante pensées nouvelles, attribuées par l'éditeur à La Rochefoucauld, et qui lui appartiennent très probablement, puisque la famille ne fit alors aucune réclamation, et que Claude Barbin ne publia cette édition qu'après avoir obtenu un privilége daté de 1692. Au reste, les cinquante pensées nouvelles ne sont pas indignes des anciennes : on y reconnait les mêmes doctrines, exprimées dans le même style. (Note de la troisième édition, 1844.)

[2] Les Maximes sur lesquelles portent les observations de l'Éditeur sont indiquées par un astérisque.

PORTRAIT

DU DUC DE LA ROCHEFOUCAULD

FAIT PAR LUI-MÊME; IMPRIMÉ EN 1658.

Je suis d'une taille médiocre, libre, et bien proportionnée. J'ai le teint brun, mais assez uni; le front élevé, et d'une raisonnable grandeur; les yeux noirs, petits et enfoncés; et les sourcils noirs et épais, mais bien tournés. Je serais fort empêché de dire de quelle sorte j'ai le nez fait; car il n'est ni camus, ni aquilin, ni gros, ni pointu, au moins à ce que je crois : tout ce que je sais, c'est qu'il est plutôt grand que petit, et qu'il descend un peu trop bas. J'ai la bouche grande, et les lèvres assez rouges d'ordinaire, et ni bien ni mal taillées. J'ai les dents blanches et passablement bien rangées. On m'a dit autrefois que j'avais un peu trop de menton : je viens de me regarder dans le miroir, pour savoir ce qui en est; et je ne sais pas trop bien qu'en juger. Pour le tour du visage, je l'ai ou carré, ou en ovale; lequel des deux, il me serait fort difficile de le dire. J'ai les cheveux noirs, naturellement frisés, et avec cela assez épais et assez longs pour pouvoir prétendre en belle tête.

J'ai quelque chose de chagrin et de fier dans la mine : cela fait croire à la plupart des gens que je suis méprisant, quoique je ne le sois point du tout. J'ai l'action fort aisée, et même un peu trop, et jusqu'à faire beaucoup de gestes en parlant. Voilà naïvement comme je pense que je suis fait au dehors; et l'on trouvera, je crois, que ce que je pense de moi là-dessus n'est pas fort éloigné de ce qui en est. J'en userai avec la même fidélité dans ce qui me reste à faire de mon portrait; car je me suis assez étudié pour me bien connaître, et je ne manquerais ni d'assurance pour dire librement ce que je puis avoir de bonnes qualités, ni de sincérité pour avouer franchement ce que j'ai de défauts.

Premièrement, pour parler de mon humeur, je suis mélancolique; et je le suis à un point que, depuis trois ou quatre ans, à peine m'a-t-on vu rire trois ou quatre fois. J'aurais pourtant, ce me semble, une mélancolie assez supportable et assez douce, si je n'en avais point d'autre que celle qui me vient de mon tempérament; mais il m'en vient tant d'ailleurs, et ce qui m'en vient me remplit de telle sorte l'imagination et m'occupe si fort l'esprit, que la plupart du temps, ou je rêve sans dire mot, ou je n'ai presque point d'attache à ce que je dis. Je suis fort resserré avec ceux que je ne connais pas, et je ne suis pas même extrêmement ouvert avec la plupart de ceux que je connais. C'est un défaut, je le sais bien, et je ne négligerai rien pour m'en corriger; mais comme un certain air sombre que j'ai dans le visage contribue à me faire paraître encore plus réservé que je ne le suis, et qu'il n'est pas en notre pouvoir de nous défaire d'un méchant air qui nous vient de la disposition naturelle des traits, je pense qu'après m'être corrigé au dedans, il ne laissera pas de me demeurer toujours de mauvaises marques au dehors.

J'ai de l'esprit, et je ne fais point difficulté de le dire; car à quoi bon façonner là-dessus? Tant biaiser et tant apporter d'adoucissement pour dire les avantages que l'on a, c'est, ce me semble, cacher un peu de vanité sous une modestie apparente, et se servir d'une manière bien adroite pour faire croire de soi beaucoup plus de bien que l'on n'en dit. Pour moi, je suis content qu'on ne me croie ni plus beau que je me fais, ni de meilleure humeur que je me dépeins, ni plus spirituel et plus raisonnable que je le suis. J'ai donc de l'esprit, encore une fois, mais un esprit que la mélancolie gâte; car, encore que je possède assez bien ma langue, que j'aie la mémoire heureuse, et que je ne pense pas les choses fort confusément, j'ai pourtant une si forte application à mon chagrin, que souvent j'exprime assez mal ce que je veux dire.

La conversation des honnêtes gens est un des plaisirs qui me touchent le plus. J'aime qu'elle soit sérieuse, et que la morale en fasse la plus grande partie. Cependant je sais la goûter aussi lorsqu'elle est enjouée ; et si je ne dis pas beaucoup de petites choses pour rire, ce n'est pas du moins que je ne connaisse pas ce que valent les bagatelles bien dites, et que je ne trouve fort divertissante cette manière de badiner, où il y a certains esprits prompts et aisés qui réussissent si bien. J'écris bien en prose, je fais bien en vers ; et si j'étais sensible à la gloire qui vient de ce côté-là, je pense qu'avec peu de travail je pourrais m'acquérir assez de réputation.

J'aime la lecture, en général ; celle où il se trouve quelque chose qui peut façonner l'esprit et fortifier l'âme, est celle que j'aime le plus. Surtout j'ai une extrême satisfaction à lire avec une personne d'esprit ; car, de cette sorte, on réfléchit à tout moment sur ce qu'on lit ; et des réflexions que l'on fait, il se forme une conversation la plus agréable du monde et la plus utile.

Je juge assez bien des ouvrages de vers et de prose que l'on me montre ; mais j'en dis peut-être mon sentiment avec un peu trop de liberté. Ce qu'il y a encore de mal en moi, c'est que j'ai quelquefois une délicatesse trop scrupuleuse, et une critique trop sévère. Je ne hais pas entendre disputer, et souvent aussi je me mêle assez volontiers dans la dispute : mais je soutiens d'ordinaire mon opinion avec trop de chaleur ; et lorsqu'on défend un parti injuste contre moi, quelquefois, à force de me passionner pour la raison, je deviens moi-même fort peu raisonnable.

J'ai les sentiments vertueux, les inclinations belles, et une si forte envie d'être tout à fait honnête homme, que mes amis ne me sauraient faire un plus grand plaisir que de m'avertir sincèrement de mes défauts. Ceux qui me connaissent un peu particulièrement, et qui ont eu la bonté de me donner quelquefois des avis là-dessus, savent que je les ai toujours reçus avec toute la joie imaginable et toute la soumission d'esprit que l'on saurait désirer.

J'ai toutes les passions assez douces et assez réglées : on ne m'a presque jamais vu en colère, et je n'ai jamais eu de haine pour personne. Je ne suis pas pourtant incapable de me venger, si l'on m'avait offensé, et qu'il y allât de mon honneur à me ressentir de l'injure qu'on m'aurait faite. Au contraire, je suis assuré que le devoir ferait si bien en moi l'office de la haine, que je poursuivrais ma vengeance avec encore plus de vigueur qu'un autre.

L'ambition ne me travaille point. Je ne crains guère de choses, et ne crains aucunement la mort. Je suis peu sensible à la pitié, et je voudrais ne l'y être point du tout. Cependant il n'est rien que je ne fisse pour le soulagement d'une personne affligée ; et je crois effectivement que l'on doit tout faire, jusqu'à lui témoigner même beaucoup de compassion de son mal : car les misérables sont si sots, que cela leur fait le plus grand bien du monde : mais je tiens aussi qu'il faut se contenter d'en témoigner, et se garder soigneusement d'en avoir. C'est une passion qui n'est bonne à rien au dedans d'une âme bien faite, qui ne sert qu'à affaiblir le cœur, et qu'on doit laisser au peuple, qui, n'exécutant jamais rien par raison, a besoin de passions pour le porter à faire les choses.

J'aime mes amis ; et je les aime d'une façon que je ne balancerais pas un moment à sacrifier mes intérêts aux leurs. J'ai de la condescendance pour eux ; je souffre patiemment leurs mauvaises humeurs : seulement je ne leur fais beaucoup de caresses, et je n'ai pas non plus de grandes inquiétudes en leur absence.

J'ai naturellement fort peu de curiosité pour la plus grande partie de tout ce qui en donne aux autres gens. Je suis fort secret, et j'ai moins de difficulté que personne à taire ce qu'on m'a dit en confidence. Je suis extrêmement régulier à ma parole ; je n'y manque jamais, de quelque conséquence que puisse être ce que j'ai promis, et je m'en suis fait toute ma vie une loi indispensable. J'ai une civilité fort exacte parmi les femmes ; et je ne crois pas avoir jamais rien dit devant elles qui leur ait pu faire de la peine. Quand elles ont l'esprit bien fait, j'aime mieux leur conversation que celle des hommes ; on y trouve une certaine douceur qui ne se rencontre point parmi nous ; et il me semble, outre cela, qu'elles s'expliquent avec plus de netteté, et qu'elles donnent un tour plus agréable aux choses qu'elles disent. Pour galant, je l'ai été un peu autrefois ; présentement je ne le suis plus, quelque jeune que je sois. J'ai renoncé aux fleurettes ; et je m'étonne seulement de ce qu'il y a encore tant d'honnêtes gens qui s'occupent à en débiter.

J'approuve extrêmement les belles passions ; elles marquent la grandeur de l'âme : et quoique dans les inquiétudes qu'elles donnent, il y ait quelque chose de contraire à la sévère sagesse, elles s'accommodent si bien d'ailleurs avec la plus austère vertu, que je crois qu'on ne les saurait condamner avec justice. Moi qui connais tout ce qu'il y a de délicat et de fort dans les grands sentiments de l'amour, si jamais je viens à aimer, ce sera assurément de cette sorte : mais, de la façon dont je suis, je ne crois pas que cette connaissance que j'ai me passe jamais de l'esprit au cœur.

PORTRAIT

DU DUC DE LA ROCHEFOUCAULD

PAR LE CARDINAL DE RETZ.

Il y a toujours eu du *je ne sais quoi* en M. de La Rochefoucauld. Il a voulu se mêler d'intrigues dès son enfance, et en un temps où il ne sentait pas les petits intérêts, qui n'ont jamais été son faible, et où il ne connaissait pas les grands, qui d'un autre sens n'ont pas été son fort. Il n'a jamais été capable d'aucunes affaires, et je ne sais pourquoi; car il avait des qualités qui eussent suppléé en tout autre celles qu'il n'avait pas. Sa vue n'était pas assez étendue, et il ne voyait pas même tout ensemble ce qui était à sa portée; mais son bon sens, très-bon dans la spéculation, joint à sa douceur, à son insinuation, et à sa facilité de mœurs, qui est admirable, devait récompenser, plus qu'il n'a fait, le défaut de sa pénétration. Il a toujours eu une irrésolution habituelle; mais je ne sais même à quoi attribuer cette irrésolution. Elle n'a pu venir en lui de la fécondité de son imagination, qui n'est rien moins que vive. Je ne la puis donner à la stérilité de son jugement; car, quoiqu'il ne l'ait pas exquis dans l'action, il a un bon fonds de raison. Nous voyons les effets de cette irrésolution, quoique nous n'en connaissions pas la cause. Il n'a jamais été guerrier, quoiqu'il fût très-soldat. Il n'a jamais été par lui-même bon courtisan, quoiqu'il ait eu toujours bonne intention de l'être. Il n'a jamais été bon homme de parti, quoique toute sa vie il y ait été engagé. Cet air de honte et de timidité que vous lui voyez dans la vie civile, s'était tourné dans les affaires en air d'apologie. Il croyait toujours en avoir besoin; ce qui, joint à ses maximes qui ne marquent pas assez de foi à la vertu, et à sa pratique qui a toujours été à sortir des affaires avec autant d'impatience qu'il y était entré, me fait conclure qu'il eût beaucoup mieux fait de se connaître et de se réduire à passer, comme il eût pu, pour le courtisan le plus poli, et le plus honnête homme, à l'égard de la vie commune, qui eût paru dans son siècle.

JUGEMENT

SUR

LES SENTENCES ET MAXIMES MORALES,

PAR MADAME DE LA FAYETTE.

A MADAME DE SABLÉ.

« Voilà un billet que je vous supplie de vouloir lire; il vous instruira de ce que l'on demande de vous. Je n'ai rien à y adjouster, sinon que l'homme qui l'escrit est un des hommes du monde que j'ayme autant; et qu'ainsi c'est une des plus grandes obligations que je vous puisse avoir, que de luy accorder ce qu'il souhaite pour son amy. Je viens d'arriver de Fresne, où j'ai esté deux jours en solitude avec madame du Plessis; en ces deux jours-là, nous avons parlé de vous deux ou trois mille fois; il est inutile de vous dire comment nous en avons parlé, vous le devinés aisément. Nous y avons leu les *Maximes* de M. de La Rochefoucauld : ha madame! quelle corruption il faut avoir dans l'esprit et dans le cœur, pour estre capable d'imaginer tout cela! J'en suis si espouvantée, que je vous asseure que si les plaisanteries estoient des choses sérieuses, de telles maximes gasteroient plus ses affaires que touts les potages qu'il mangea l'autre jour chez vous¹.

« DE LA FAYETTE. »

¹ Cette lettre est citée par Delort dans son *Voyage aux environs de Paris*, tome 1ᵉʳ, page 218.

RÉFLEXIONS

ou

SENTENCES ET MAXIMES MORALES.

> Nos vertus ne sont le plus souvent
> que des vices déguisés [1].

* I.

Ce que nous prenons pour des vertus, n'est souvent qu'un assemblage de diverses actions et de divers intérêts, que la fortune ou notre industrie savent arranger; et ce n'est pas toujours par valeur et par chasteté que les hommes sont vaillants, et que les femmes sont chastes [2].

[1] Cette pensée, qui peut être considérée comme la base du système de La Rochefoucauld, se trouve dans la première édition, sous la forme suivante : « Ce que le monde nomme vertu, n'est d'ordinaire qu'un fantôme formé par nos passions, à qui on donne un nom honnête pour faire impunément ce qu'on veut. » (1665 — n° 179.) Elle ne se retrouve ni dans la seconde ni dans la troisième édition, et ce n'est que dans les deux dernières (1675, 1678) qu'elle reparut comme épigraphe, et sous une autre forme, à la tête des Réflexions morales.

[2] VARIANTE. Nous sommes préoccupés de telle sorte en notre fa-

II.

L'amour-propre est le plus grand de tous les flatteurs.

* III.

Quelque découverte que l'on ait faite dans le pays de l'amour-propre, il y reste encore bien des terres inconnues.

IV.

L'amour-propre est plus habile que le plus habile homme du monde.

* V.

La durée de nos passions ne dépend pas plus de nous, que la durée de notre vie.

VI.

La passion fait souvent un fou du plus habile homme, et rend souvent les plus sots habiles [1].

---

veur, que ce que nous prenons souvent pour des vertus n'est en effet qu'un nombre de vices qui leur ressemblent, et que l'orgueil et l'amour-propre nous ont déguisés. (1665 — n° 181.)

De plusieurs actions différentes que la fortune arrange comme il lui plaît, il s'en fait plusieurs vertus. (1665 — n° 293.)

Dans la seconde et la troisième édition (1666, 1671), La Rochefoucauld refondit ces deux pensées en une seule, qu'il plaça au commencement de son ouvrage ; ce ne fut que dans les deux dernières éditions (1675, 1678) que cette maxime parut telle qu'on la voit aujourd'hui.

[1] *Var.* On lit dans l'édition de 1665 : « La passion fait souvent du plus habile homme un fol, et rend quasi toujours les plus sots habiles. » Les mots *fol* et *quasi* disparurent dans la 2ᵉ édit. (1666 — n° 6.)

VII.

Ces grandes et éclatantes actions qui éblouissent les yeux, sont représentées par les politiques comme les effets des grands desseins, au lieu que ce sont d'ordinaire les effets de l'humeur et des passions. Ainsi, la guerre d'Auguste et d'Antoine, qu'on rapporte à l'ambition qu'ils avaient de se rendre maîtres du monde, n'était peut-être qu'un effet de jalousie [1].

*VIII.

Les passions sont les seuls orateurs qui persuadent toujours. Elles sont comme un art de la nature dont les règles sont infaillibles ; et l'homme le plus simple, qui a de la passion, persuade mieux que le plus éloquent qui n'en a point [2].

IX.

Les passions ont une injustice et un propre intérêt, qui fait qu'il est dangereux de les suivre, et qu'on s'en doit défier, lors même qu'elles paraissent les plus raisonnables.

---

[1] *Var.* La Rochefoucauld avait d'abord présenté d'une manière affirmative le motif de cette guerre ; voici comment il s'exprimait : « . . . . . Ainsi, la guerre d'Auguste et d'Antoine, qu'on rapporte à l'ambition qu'ils avaient de se rendre maîtres du monde, était un effet de jalousie. » (1665 — n° 7.) Depuis, l'auteur employa la forme dubitative.

[2] *Var.* On lit dans la première édition : « . . . . . et l'homme le plus simple, que la passion fait parler, persuade mieux que celui qui n'a que la seule éloquence. » (1665 — n° 8.)

* X.

Il y a dans le cœur humain une génération perpétuelle de passions, en sorte que la ruine de l'une est presque toujours l'établissement d'une autre.

XI.

Les passions en engendrent souvent qui leur sont contraires ; l'avarice produit quelquefois la prodigalité, et la prodigalité l'avarice : on est souvent ferme par faiblesse, et audacieux par timidité[1].

XII.

Quelque soin que l'on prenne de couvrir ses passions par des apparences de piété et d'honneur, elles paraissent toujours au travers de ces voiles[2].

XIII.

Notre amour-propre souffre plus impatiemment la condamnation de nos goûts que de nos opinions.

XIV.

Les hommes ne sont pas seulement sujets à perdre le souvenir des bienfaits et des injures; ils haïssent même ceux qui les ont obligés, et cessent de haïr ceux qui leur ont fait des outrages. L'application à récompenser le bien et à se venger du mal, leur pa-

---

[1] *Var.* Le mot *prodigalité* a remplacé dans les quatre dernières éditions celui de libéralité, que La Rochefoucauld avait mis dans la première.

[2] *Var.* Quelque industrie que l'on ait à cacher ses passions sous le voile de la piété et de l'honneur, il y en a toujours quelque endroit qui se montre. (1665 — n° 12.)

raît une servitude à laquelle ils ont peine de se soumettre.

XV.

La clémence des princes n'est souvent qu'une politique pour gagner l'affection des peuples.

* XVI.

Cette clémence, dont on fait une vertu, se pratique tantôt par vanité, quelquefois par paresse, souvent par crainte, et presque toujours par tous les trois ensemble[1].

XVII.

La modération des personnes heureuses vient du calme que la bonne fortune donne à leur humeur[2].

* XVIII.

La modération est une crainte de tomber dans l'envie et dans le mépris que méritent ceux qui s'enivrent de leur bonheur; c'est une vaine ostentation de la force de notre esprit; et enfin la modération des hommes dans leur plus haute élévation, est un désir de paraître plus grands que leur fortune.

XIX.

Nous avons tous assez de force pour supporter les maux d'autrui.

---

[1] *Var.* La clémence, dont nous faisons une vertu, se pratique tantôt pour la gloire, quelquefois par paresse, souvent par crainte, et presque toujours par tous les trois ensemble. (1665 — n° 16.)

[2] *Var.* La modération des personnes heureuses est le calme de leur humeur, adoucie par la possession du bien. (1665 — n° 19.)

* XX.

La constance des sages n'est que l'art de renfermer leur agitation dans leur cœur.

XXI.

Ceux qu'on condamne au supplice affectent quelquefois une constance et un mépris de la mort, qui n'est en effet que la crainte de l'envisager ; de sorte qu'on peut dire que cette constance et ce mépris sont à leur esprit ce que le bandeau est à leurs yeux [1].

* XXII.

La philosophie triomphe aisément des maux passés et des maux à venir ; mais les maux présents triomphent d'elle [2].

* XXIII.

Peu de gens connaissent la mort ; on ne la souffre pas ordinairement par résolution, mais par stupidité et par coutume ; et la plupart des hommes meurent, parce qu'on ne peut s'empêcher de mourir [3].

---

[1] *Var.* Ceux qu'on fait mourir affectent quelquefois des constances, des froideurs et des mépris de la mort, pour ne pas penser à elle ; de sorte qu'on peut dire que ces froideurs et ces mépris font à leur esprit ce que le bandeau fait à leurs yeux. (1665 — n° 24.)

[2] *Var.* La philosophie triomphe aisément des maux passés et de ceux qui ne sont pas prêts d'arriver, mais les maux présents triomphent d'elle. (1665 — n° 25.)

[3] *Var.* Dans la première édition cette réflexion se termine ainsi : « . . . . . et la plupart des hommes meurent, parce qu'on meurt. » (1665 — n° 26.)

XXIV.

Lorsque les grands hommes se laissent abattre par la longueur de leurs infortunes, ils font voir qu'ils ne les soutenaient que par la force de leur ambition, et non par celle de leur âme; et qu'à une grande vanité près, les héros sont faits comme les autres hommes [1].

XXV.

Il faut de plus grandes vertus pour soutenir la bonne fortune que la mauvaise [2].

* XXVI.

Le soleil ni la mort ne se peuvent regarder fixement.

XXVII.

On fait souvent vanité des passions, même les plus criminelles; mais l'envie est une passion timide et honteuse que l'on n'ose jamais avouer [3].

---

[1] *Var.* Les grands hommes s'abattent et se démontent à la fin par la longueur de leurs infortunes. Cela fait bien voir qu'ils n'étaient pas forts quand ils les supportaient, mais seulement qu'ils se donnaient la gêne pour le paraître, et qu'ils soutenaient leurs malheurs par la force de leur ambition, et non pas par celle de leur âme; enfin, à une grande vanité près, les héros sont faits comme les autres hommes. (1665 — n° 27.)

[2] *Var.* Il faut de plus grandes vertus et en plus grand nombre pour soutenir la bonne fortune que la mauvaise. (1665 — n° 28.)

[3] *Var.* Quoique toutes les passions se dussent cacher, elles ne craignent pas néanmoins le jour; la seule envie est une passion timide et honteuse qu'on n'ose jamais avouer. (1665 — n° 30.)

* XXVIII.

La jalousie est, en quelque manière, juste et raisonnable, puisqu'elle ne tend qu'à conserver un bien qui nous appartient ou que nous croyons nous appartenir : au lieu que l'envie est une fureur qui ne peut souffrir le bien des autres[1].

* XXIX.

Le mal que nous faisons ne nous attire pas tant de persécution et de haine que nos bonnes qualités.

XXX.

Nous avons plus de force que de volonté ; et c'est souvent pour nous excuser à nous-mêmes, que nous nous imaginons que les choses sont impossibles.

XXXI.

Si nous n'avions point de défauts, nous ne prendrions pas tant de plaisir à en remarquer dans les autres[2].

XXXII.

La jalousie se nourrit dans les doutes ; et elle devient fureur, ou elle finit, sitôt qu'on passe du doute à la certitude[3].

---

[1] *Var.* La jalousie est raisonnable et juste en quelque manière, puisqu'elle ne cherche qu'à conserver un bien qui nous appartient, ou que nous croyons nous appartenir ; au lieu que l'envie est une fureur qui nous fait toujours souhaiter la ruine du bien des autres. (1665 — n° 31.)

[2] *Var.* Si nous n'avions point de défauts, nous ne serions pas si aises d'en remarquer aux autres. (1665 — n° 34.)

[3] *Var.* La jalousie ne subsiste que dans les doutes ; l'incertitude

XXXIII.

L'orgueil se dédommage toujours et ne perd rien, lors même qu'il renonce à la vanité.

*XXXIV.

Si nous n'avions point d'orgueil, nous ne nous plaindrions pas de celui des autres.

*XXXV.

L'orgueil est égal dans tous les hommes, et il n'y a de différence qu'aux moyens et à la manière de le mettre à jour.

XXXVI.

Il semble que la nature, qui a si sagement disposé les organes de notre corps pour nous rendre heureux, nous ait aussi donné l'orgueil pour nous épargner la douleur de connaître nos imperfections[1].

*XXXVII.

L'orgueil a plus de part que la bonté aux remontrances que nous faisons à ceux qui commettent des

---

est sa matière; c'est une passion qui cherche tous les jours de nouveaux sujets d'inquiétude, et de nouveaux tourments. On cesse d'être jaloux, dès que l'on est éclairci de ce qui causait la jalousie. (1665 — n° 35.) — La jalousie se nourrit dans les doutes. C'est une passion qui cherche toujours de nouveaux sujets d'inquiétude et de nouveaux tourments, et elle devient fureur sitôt qu'on passe du doute à la certitude. (1666 — n° 32.)

[1] *Var.* La nature, qui a si sagement pourvu à la vie de l'homme par la disposition admirable des organes du corps, lui a sans doute donné l'orgueil pour lui épargner la douleur de connaître ses imperfections et ses misères. (1665 — n° 40.)

fautes, et nous ne les reprenons pas tant pour les en corriger, que pour leur persuader que nous en sommes exempts.

* XXXVIII.

Nous promettons selon nos espérances, et nous tenons selon nos craintes.

XXXIX.

L'intérêt parle toutes sortes de langues, et joue toutes sortes de personnages, même celui de désintéressé.

XL.

L'intérêt, qui aveugle les uns, fait la lumière des autres [1].

XLI.

Ceux qui s'appliquent trop aux petites choses, deviennent ordinairement incapables des grandes [2].

* XLII.

Nous n'avons pas assez de force pour suivre toute notre raison.

XLIII.

L'homme croit souvent se conduire, lorsqu'il est conduit; et pendant que, par son esprit, il tend à un

---

[1] *Var.* L'intérêt, à qui on reproche d'aveugler les uns, est tout ce qui fait la lumière des autres. (1665 — n° 44.)

[2] *Var.* La complexion, qui fait le talent pour les petites choses, est contraire à celle qu'il faut pour le talent des grandes. (1665 — n° 51.)

but, son cœur l'entraîne insensiblement à un autre[1].

* XLIV.

La force et la faiblesse de l'esprit sont mal nommées ; elles ne sont en effet que la bonne ou la mauvaise disposition des organes du corps.

XLV.

Le caprice de notre humeur est encore plus bizarre que celui de la fortune.

XLVI.

L'attachement ou l'indifférence que les philosophes avaient pour la vie, n'étaient qu'un goût de leur amour-propre, dont on ne doit non plus disputer que du goût de la langue ou du choix des couleurs[2].

XLVII.

Notre humeur met le prix à tout ce qui nous vient de la fortune.

* XLVIII.

La félicité est dans le goût, et non pas dans les choses ; et c'est par avoir ce qu'on aime qu'on est heureux, et non par avoir ce que les autres trouvent aimable.

---

[1] *Var.* L'homme est conduit, lorsqu'il croit se conduire ; et pendant que, par son esprit, il vise à un endroit, son cœur l'achemine insensiblement à un autre. (1665 — n° 47.)

[2] *Var.* L'attachement ou l'indifférence pour la vie, sont des goûts de l'amour-propre, dont on ne doit non plus disputer que de ceux de la langue, ou du choix des couleurs. (1665 — n° 52.)

XLIX.

On n'est jamais si heureux ni si malheureux qu'on s'imagine¹.

* L.

Ceux qui croient avoir du mérite, se font un honneur d'être malheureux, pour persuader aux autres et à eux-mêmes qu'ils sont dignes d'être en butte à la fortune².

LI.

Rien ne doit tant diminuer la satisfaction que nous avons de nous-mêmes, que de voir que nous désapprouvons dans un temps ce que nous approuvions dans un autre³.

LII.

Quelque différence qui paraisse entre les fortunes,

---

¹ *Var.* On n'est jamais si malheureux qu'on croit, ni si heureux qu'on avait espéré. (1665 — n° 59.) — On n'est jamais si heureux ni si malheureux que l'on pense. (1666 — n° 50.)

² *Var.* Ceux qui se sentent du mérite se piquent toujours d'être malheureux, pour persuader aux autres et à eux-mêmes qu'ils sont au-dessus de leurs malheurs, et qu'ils sont dignes d'être en butte à la fortune. (1665 — n° 57.) On trouve dans la même édition (n° 60) la même pensée ainsi rédigée : « On se console souvent d'être malheureux par un certain plaisir qu'on trouve à le paraître. »

³ *Var.* Rien ne doit tant diminuer la satisfaction que nous avons de nous-mêmes, que de voir que nous avons été contents dans l'état et dans les sentiments que nous désapprouvons à cette heure. (1665 — n° 58.)

il y a néanmoins une certaine compensation de biens et de maux, qui les rend égales[1].

LIII.

Quelques grands avantages que la nature donne, ce n'est pas elle seule, mais la fortune avec elle, qui fait les héros[2].

LIV.

Le mépris des richesses était, dans les philosophes, un désir caché de venger leur mérite de l'injustice de la fortune, par le mépris des mêmes biens dont elle les privait; c'était un secret pour se garantir de l'avilissement de la pauvreté; c'était un chemin détourné pour aller à la considération qu'ils ne pouvaient avoir par les richesses.

*LV.

La haine pour les favoris n'est autre chose que l'amour de la faveur. Le dépit de ne la pas posséder se console et s'adoucit par le mépris que l'on témoigne de ceux qui la possèdent; et nous leur refusons nos hommages, ne pouvant pas leur ôter ce qui leur attire ceux de tout le monde.

---

[1] *Var.* Quelque différence qu'il y ait entre les fortunes, il y a pourtant une certaine proportion de biens et de maux qui les rend égales. (1665 — n° 61.)

[2] *Var.* Quelques grands avantages que la nature donne, ce n'est pas elle, mais la fortune, qui fait les héros. (1665 — n° 62.)

LVI.

Pour s'établir dans le monde, on fait tout ce que l'on peut pour y paraître établi.

LVII.

Quoique les hommes se flattent de leurs grandes actions, elles ne sont pas souvent les effets d'un grand dessein, mais des effets du hasard[1].

LVIII.

Il semble que nos actions aient des étoiles heureuses ou malheureuses, à qui elles doivent une grande partie de la louange et du blâme qu'on leur donne.

LIX.

Il n'y a point d'accidents si malheureux dont les habiles gens ne tirent quelque avantage, ni de si heureux que les imprudents ne puissent tourner à leur préjudice.

LX.

La fortune tourne tout à l'avantage de ceux qu'elle favorise[2].

LXI.

Le bonheur et le malheur des hommes ne dépend pas moins de leur humeur que de la fortune.

---

[1] *Var.* Quoique la grandeur des ministres se flatte de celle de leurs actions, elles sont bien souvent les effets du hasard, ou de quelque petit dessein. (1665 — n° 66.)

[2] *Var.* La fortune ne laisse rien perdre pour les hommes heureux. (1665 — n° 69.)

LXII.

La sincérité est une ouverture de cœur. On la trouve en fort peu de gens; et celle que l'on voit d'ordinaire, n'est qu'une fine dissimulation pour attirer la confiance des autres.

LXIII.

L'aversion du mensonge est souvent une imperceptible ambition de rendre nos témoignages considérables, et d'attirer à nos paroles un respect de religion.

LXIV.

La vérité ne fait pas tant de bien dans le monde, que ses apparences y font de mal.

*LXV.

Il n'y a point d'éloges qu'on ne donne à la prudence; cependant elle ne saurait nous assurer du moindre événement[1].

---

[1] *Var.* L'auteur s'est essayé plusieurs fois avant d'arriver à une précision si parfaite. Voici comment il s'exprimait dans sa première édition : « On élève la prudence jusqu'au ciel, et il n'est sorte d'éloge qu'on ne lui donne; elle est la règle de nos actions et de notre conduite, elle est la maîtresse de la fortune, elle fait le destin des empires; sans elle on a tous les maux, avec elle on a tous les biens; et, comme disait autrefois un poëte, quand nous avons la prudence, il ne nous manque aucune divinité (*Nullum numen abest, si sit prudentia.* JUVÉNAL, sat. x.), pour dire que nous trouvons dans la prudence tout le secours que nous demandons aux dieux. Cependant la prudence la plus consommée ne saurait nous assurer du plus petit effet du monde, parce que, travaillant sur une matière

LXVI.

Un habile homme doit régler le rang de ses intérêts, et les conduire chacun dans son ordre. Notre avidité le trouble souvent, en nous faisant courir à tant de choses à la fois, que, pour désirer trop les moins importantes, on manque les plus considérables.

* LXVII.

La bonne grâce est au corps ce que le bon sens est à l'esprit.

* LXVIII.

Il est difficile de définir l'amour: ce qu'on en peut dire est que, dans l'âme, c'est une passion de régner ; dans les esprits, c'est une sympathie ; et dans le corps, ce n'est qu'une envie cachée et délicate de posséder ce que l'on aime, après beaucoup de mystères.

LXIX.

S'il y a un amour pur et exempt du mélange de nos

---

aussi changeante et aussi inconnue qu'est l'homme, elle ne peut exécuter sûrement aucun de ses projets : d'où il faut conclure que toutes les louanges dont nous flattons notre prudence, ne sont que des effets de notre amour-propre, qui s'applaudit en toutes choses et en toutes rencontres. » (1665 — n° 75.) Dès la seconde édition, l'auteur se corrigea ainsi : « Il n'y a point d'éloges qu'on ne donne à la prudence. Cependant, quelque grande qu'elle soit, elle ne saurait nous assurer du moindre événement, parce qu'elle travaille sur l'homme, qui est le sujet du monde le plus changeant. » (1666 — n° 66. — 1671, 1675 — n° 65.) Enfin, dans sa dernière édition, l'auteur refit cette pensée telle qu'elle est aujourd'hui. Ces différents essais offrent une étude de style bien digne d'être méditée.

autres passions, c'est celui qui est caché au fond du cœur, et que nous ignorons nous-mêmes[1].

LXX.

Il n'y a point de déguisement qui puisse longtemps cacher l'amour où il est, ni le feindre où il n'est pas.

LXXI.

Il n'y a guère de gens qui ne soient honteux de s'être aimés, quand ils ne s'aiment plus.

LXXII.

Si on juge de l'amour par la plupart de ses effets, il ressemble plus à la haine qu'à l'amitié.

LXXIII.

On peut trouver des femmes qui n'ont jamais eu de galanterie; mais il est rare d'en trouver qui n'en aient jamais eu qu'une[2].

LXXIV.

Il n'y a que d'une sorte d'amour, mais il y en a mille différentes copies.

LXXV.

L'amour, aussi bien que le feu, ne peut subsister sans un mouvement continuel; et il cesse de vivre dès qu'il cesse d'espérer ou de craindre.

LXXVI.

Il est du véritable amour comme de l'apparition des

---

[1] *Var.* Il n'y a point d'amour pur et exempt du mélange des autres passions, que celui qui est caché au fond du cœur, et que nous ignorons nous-mêmes. (1665 — n° 79.)

[2] *Var.* Qui n'ont jamais *fait* de galanterie. (1665 — n° 83.)

esprits : tout le monde en parle, mais peu de gens en ont vu.

LXXVII.

L'amour prête son nom à un nombre infini de commerces qu'on lui attribue, et où il n'a non plus de part que le doge à ce qui se fait à Venise.

*LXXVIII.

L'amour de la justice n'est, en la plupart des hommes, que la crainte de souffrir l'injustice[1].

LXXIX.

Le silence est le parti le plus sûr pour celui qui se défie de soi-même.

LXXX.

Ce qui nous rend si changeants dans nos amitiés, c'est qu'il est difficile de connaître les qualités de l'âme, et facile de connaître celles de l'esprit[2].

---

[1] *Var.* La justice n'est qu'une vive appréhension qu'on ne nous ôte ce qui nous appartient; de là vient cette considération et ce respect pour tous les intérêts du prochain, et cette scrupuleuse application à ne lui faire aucun préjudice : cette crainte retient l'homme dans les bornes des biens que la naissance ou la fortune lui ont donnés; et sans cette crainte, il ferait des courses continuelles sur les autres. (1665 — n° 88.) On blâme l'injustice, non pas par l'aversion que l'on a pour elle, mais pour le préjudice que l'on en reçoit. (1665 — n° 90.)

[2] *Var.* Ce qui rend nos inclinations si légères et si changeantes, c'est qu'il est aisé de connaître les qualités de l'esprit, et difficile de connaître celles de l'âme. (1665 — n° 93.)

* LXXXI.

Nous ne pouvons rien aimer que par rapport à nous, et nous ne faisons que suivre notre goût et notre plaisir, quand nous préférons nos amis à nous-mêmes; c'est néanmoins par cette préférence seule que l'amitié peut être vraie et parfaite.

* LXXXII.

La réconciliation avec nos ennemis n'est qu'un désir de rendre notre condition meilleure, une lassitude de la guerre, et une crainte de quelque mauvais événement [1].

* LXXXIII.

Ce que les hommes ont nommé amitié n'est qu'une société, qu'un ménagement réciproque d'intérêts, et qu'un échange de bons offices; ce n'est enfin qu'un commerce où l'amour-propre se propose toujours quelque chose à gagner [2].

LXXXIV.

Il est plus honteux de se défier de ses amis, que d'en être trompé.

LXXXV.

Nous nous persuadons souvent d'aimer les gens plus

---

[1] *Var.* La réconciliation avec nos ennemis, qui se fait au nom de la sincérité, de la douceur, et de la tendresse. . . . . (1665 — n° 95.)

[2] *Var.* L'amitié la plus désintéressée n'est qu'un trafic, où notre amour-propre se propose toujours quelque chose à gagner. (1665 — n° 94.)

puissants que nous, et néanmoins c'est l'intérêt seul qui produit notre amitié; nous ne nous donnons pas à eux pour le bien que nous leur voulons faire, mais pour celui que nous en voulons recevoir.

* LXXXVI.

Notre défiance justifie la tromperie d'autrui.

* LXXXVII.

Les hommes ne vivraient pas longtemps en société, s'ils n'étaient les dupes les uns des autres.

LXXXVIII.

L'amour-propre nous augmente ou nous diminue les bonnes qualités de nos amis, à proportion de la satisfaction que nous avons d'eux, et nous jugeons de leur mérite par la manière dont ils vivent avec nous.

LXXXIX.

Tout le monde se plaint de sa mémoire, et personne ne se plaint de son jugement.

* XC.

Nous plaisons plus souvent dans le commerce de la vie par nos défauts que par nos bonnes qualités.

XCI.

La plus grande ambition n'en a pas la moindre apparence, lorsqu'elle se rencontre dans une impossibilité absolue d'arriver où elle aspire.

XCII.

Détromper un homme préoccupé de son mérite, est lui rendre un aussi mauvais office que celui que l'on rendit à ce fou d'Athènes, qui croyait que tous les vaisseaux qui arrivaient dans le port étaient à lui[1].

* XCIII.

Les vieillards aiment à donner de bons préceptes, pour se consoler de n'être plus en état de donner de mauvais exemples.

XCIV.

Les grands noms abaissent, au lieu d'élever ceux qui ne les savent pas soutenir.

* XCV.

La marque d'un mérite extraordinaire est de voir que ceux qui l'envient le plus, sont contraints de le louer.

* XCVI.

Tel homme est ingrat, qui est moins coupable de son ingratitude que celui qui lui a fait du bien.

XCVII.

On s'est trompé lorsqu'on a cru que l'esprit et le jugement étaient deux choses différentes : le jugement n'est que la grandeur de la lumière de l'esprit. Cette lumière pénètre le fond des choses; elle y remarque tout ce qu'il faut remarquer, et aperçoit celles qui semblent imperceptibles. Ainsi il faut demeurer d'accord que c'est l'étendue de la lumière de l'esprit qui

---

[1] *Var.* On a autant de sujet de se plaindre de ceux qui nous apprennent à nous connaître nous-mêmes, qu'en eut ce fou d'Athènes de se plaindre du médecin qui l'avait guéri de l'opinion d'être riche. (1665 — n° 104.)

produit tous les effets qu'on attribue au jugement¹.

* XCVIII.

Chacun dit du bien de son cœur, et personne n'en ose dire de son esprit.

XCIX.

La politesse de l'esprit consiste à penser des choses honnêtes et délicates².

C.

La galanterie de l'esprit est de dire des choses flatteuses d'une manière agréable³.

CI.

Il arrive souvent que des choses se présentent plus achevées à notre esprit, qu'il ne les pourrait faire avec beaucoup d'art⁴.

---

¹ *Var.* Le jugement n'est autre chose que la grandeur de la lumière de l'esprit, son étendue est la mesure de sa lumière, sa profondeur est celle qui pénètre le fond des choses, son discernement les compare et les distingue, sa justesse ne voit que ce qu'il faut voir, sa droiture les prend toujours par le bon biais, sa délicatesse aperçoit celles qui paraissent imperceptibles, et le jugement décide ce que les choses sont; si on l'examine bien, on trouvera que toutes ces qualités ne sont autre chose que la grandeur de l'esprit, lequel voyant tout, rencontre dans la plénitude de ses lumières tous les avantages dont nous venons de parler. (1665 — n° 107.)

² *Var.* La politesse de l'esprit est un tour par lequel il pense toujours des choses honnêtes et délicates. (1665 — n° 99.)

³ *Var.* La galanterie de l'esprit est un tour de l'esprit, par lequel il entre dans les choses les plus flatteuses, c'est-à-dire, celles qui sont le plus capables de plaire aux autres. (1665 — n° 110.)

⁴ *Var.* Il y a des jolies choses que l'esprit ne cherche point et

CII.

L'esprit est toujours la dupe du cœur.

CIII.

Tous ceux qui connaissent leur esprit, ne connaissent pas leur cœur[1].

CIV.

Les hommes et les affaires ont leur point de perspective. Il y en a qu'il faut voir de près pour en bien juger, et d'autres dont on ne juge jamais si bien que quand on en est éloigné[2].

CV.

Celui-là n'est pas raisonnable à qui le hasard fait trouver la raison; mais celui qui la connaît, qui la discerne et qui la goûte.

CVI.

Pour bien savoir les choses, il en faut savoir le détail; et comme il est presque infini, nos connaissances sont toujours superficielles et imparfaites.

CVII.

C'est une espèce de coquetterie, de faire remarquer qu'on n'en fait jamais.

---

qu'il trouve toutes achevées en lui-même; il semble qu'elles y soient cachées comme l'or et les diamants dans le sein de la terre. (1665 — n° 111.)

[1] *Var.* Bien des gens connaissent leur esprit, qui ne connaissent pas leur cœur. (1665 — n° 113.)

[2] *Var.* Toutes les grandes choses ont leur point de perspective, comme les statues; il y en a . . . . . etc. (1665 — n° 114.)

CVIII.

L'esprit ne saurait jouer longtemps le personnage du cœur.

CIX.

La jeunesse change ses goûts par l'ardeur du sang, et la vieillesse conserve les siens par l'accoutumance.

CX.

On ne donne rien si libéralement que ses conseils[1].

CXI.

Plus on aime une maîtresse, plus on est près de la haïr.

CXII.

Les défauts de l'esprit augmentent en vieillissant, comme ceux du visage.

CXIII.

Il y a de bons mariages; mais il n'y en a point de délicieux.

CXIV.

On ne se peut consoler d'être trompé par ses ennemis et trahi par ses amis, et l'on est souvent satisfait de l'être par soi-même.

CXV.

Il est aussi facile de se tromper soi-même sans s'en apercevoir, qu'il est difficile de tromper les autres sans qu'ils s'en aperçoivent.

---

[1] *Var.* Il n'y a point de plaisir qu'on fasse plus volontiers à un ami que celui de lui donner conseil. (1665 — n° 117.)

CXVI.

Rien n'est moins sincère que la manière de demander et de donner des conseils. Celui qui en demande paraît avoir une déférence respectueuse pour les sentiments de son ami, bien qu'il ne pense qu'à lui faire approuver les siens, et à le rendre garant de sa conduite; et celui qui conseille paie la confiance qu'on lui témoigne d'un zèle ardent et désintéressé, quoiqu'il ne cherche le plus souvent, dans les conseils qu'il donne, que son propre intérêt ou sa gloire[1].

CXVII.

La plus subtile de toutes les finesses est de savoir bien feindre de tomber dans les piéges qu'on nous tend; et l'on n'est jamais si aisément trompé que quand on songe à tromper les autres.

CXVIII.

L'intention de ne jamais tromper nous expose à être souvent trompés.

---

[1] *Var.* Rien n'est plus divertissant que de voir deux hommes assemblés, l'un pour demander conseil et l'autre pour le donner; l'un paraît avec une déférence respectueuse, et dit qu'il vient recevoir des instructions pour sa conduite, et son dessein le plus souvent est de faire approuver ses sentiments, et de rendre celui qu'il vient consulter garant de l'affaire qu'il lui propose. Celui qui conseille paie d'abord la confiance de son ami des marques d'un zèle ardent et désintéressé, et il cherche en même temps, dans ses propres intérêts, des règles de conseiller; de sorte que son conseil lui est bien plus propre qu'à celui qui le reçoit. (1665 — n° 118.)

CXIX.

Nous sommes si accoutumés à nous déguiser aux autres, qu'enfin nous nous déguisons à nous-mêmes¹.

CXX.

L'on fait plus souvent des trahisons par faiblesse que par un dessein formé de trahir.

CXXI.

On fait souvent du bien pour pouvoir impunément faire du mal.

CXXII.

Si nous résistons à nos passions, c'est plus par leur faiblesse que par notre force.

CXXIII.

On n'aurait guère de plaisir si on ne se flattait jamais.

* CXXIV.

Les plus habiles affectent toute leur vie de blâmer les finesses pour s'en servir en quelque grande occasion et pour quelque grand intérêt.

CXXV.

L'usage ordinaire de la finesse est la marque d'un petit esprit; et il arrive presque toujours que celui qui s'en sert pour se couvrir en un endroit, se découvre en un autre.

---

¹ *Var.* La coutume que nous avons de nous déguiser aux autres pour acquérir leur estime, fait qu'enfin nous nous déguisons à nous-mêmes. (1665 — n° 123.)

CXXVI.

Les finesses et les trahisons ne viennent que du manque d'habileté[1].

*CXXVII.

Le vrai moyen d'être trompé, c'est de se croire plus fin que les autres[2].

CXXVIII.

La trop grande subtilité est une fausse délicatesse ; et la véritable délicatesse est une solide subtilité.

CXXIX.

Il suffit quelquefois d'être grossier, pour n'être pas trompé par un habile homme.

CXXX.

La faiblesse est le seul défaut que l'on ne saurait corriger.

*CXXXI.

Le moindre défaut des femmes qui se sont abandonnées à faire l'amour, c'est de faire l'amour.

CXXXII.

Il est plus aisé d'être sage pour les autres, que de l'être pour soi-même.

CXXXIII.

Les seules bonnes copies sont celles qui nous font voir le ridicule des méchants originaux[3].

---

[1] *Var.* Si on était toujours assez habile, on ne ferait jamais de finesses ni de trahisons. (1665 — n° 128.)

[2] *Var.* On est fort sujet à être trompé, quand on croit être plus fin que les autres. (1665 — n° 129.)

[3] *Var.* Dans l'édition de 1666, qui est celle où cette réflexion a

* CXXXIV.

On n'est jamais si ridicule par les qualités que l'on a, que par celles que l'on affecte d'avoir.

CXXXV.

On est quelquefois aussi différent de soi-même que des autres.

CXXXVI.

Il y a des gens qui n'auraient jamais été amoureux, s'ils n'avaient jamais entendu parler de l'amour.

CXXXVII.

On parle peu quand la vanité ne fait pas parler[1].

CXXXVIII.

On aime mieux dire du mal de soi-même, que de n'en point parler.

CXXXIX.

Une des choses qui fait que l'on trouve si peu de gens qui paraissent raisonnables, et agréables dans la conversation, c'est qu'il n'y a presque personne qui ne pense plutôt à ce qu'il veut dire qu'à répondre précisément à ce qu'on lui dit. Les plus habiles et les plus complaisants se contentent de montrer seulement une mine attentive, au même temps que l'on voit dans leurs yeux et dans leur esprit un égarement pour ce qu'on leur dit, et une précipitation pour retourner à ce qu'ils veu-

---

paru pour la première fois, on lit *des excellents originaux*, au lieu de *des méchants originaux*.

[1] *Var.* Quand la vanité ne fait point parler, on n'a pas envie de dire grand'chose (1665 — n° 139.)

lent dire; au lieu de considérer que c'est un mauvais moyen de plaire aux autres ou de les persuader, que de chercher si fort à se plaire à soi-même, et que bien écouter et bien répondre est une des plus grandes perfections qu'on puisse avoir dans la conversation.

* CXL.

Un homme d'esprit serait souvent bien embarrassé, sans la compagnie des sots.

CXLI.

Nous nous vantons souvent de ne nous point ennuyer, et nous sommes si glorieux, que nous ne voulons pas nous trouver de mauvaise compagnie[1].

CXLII.

Comme c'est le caractère des grands esprits de faire entendre en peu de paroles beaucoup de choses, les petits esprits, au contraire, ont le don de beaucoup parler et de ne rien dire.

* CXLIII.

C'est plutôt par l'estime de nos propres sentiments que nous exagérons les bonnes qualités des autres, que par l'estime de leur mérite; et nous voulons nous attirer des louanges, lorsqu'il semble que nous leur en donnons[2].

---

[1] *Var.* On se vante souvent mal à propos de ne se point ennuyer; et l'homme est si glorieux, qu'il ne veut pas se trouver de mauvaise compagnie. (1665 — n° 143.)

[2] *Var.* C'est plutôt par l'estime de nos sentiments que nous exa-

CXLIV.

On n'aime point à louer, et on ne loue jamais personne sans intérêt. La louange est une flatterie habile, cachée et délicate, qui satisfait différemment celui qui la donne et celui qui la reçoit : l'un la prend comme une récompense de son mérite ; l'autre la donne pour faire remarquer son équité et son discernement.

CXLV.

Nous choisissons souvent des louanges empoisonnées, qui font voir par contre-coup en ceux que nous louons des défauts que nous n'osons découvrir d'une autre sorte.

CXLVI.

On ne loue d'ordinaire que pour être loué.

CXLVII.

Peu de gens sont assez sages pour préférer le blâme qui leur est utile à la louange qui les trahit.

CXLVIII.

Il y a des reproches qui louent, et des louanges qui médisent.

CXLIX.

Le refus des louanges est un désir d'être loué deux fois[1].

---

gérons les bonnes qualités des autres, que par leur mérite ; et nous nous louons en effet, lorsqu'il semble que nous leur donnons des louanges. (1665 — n° 146.)

[1] *Var.* La modestie qui semble refuser les louanges, n'est en effet qu'un désir d'en avoir de plus délicates. (1665 — n° 147.)

CL.

Le désir de mériter les louanges qu'on nous donne, fortifie notre vertu; et celles que l'on donne à l'esprit, à la valeur et à la beauté, contribuent à les augmenter [1].

* CLI.

Il est plus difficile de s'empêcher d'être gouverné, que de gouverner les autres.

CLII.

Si nous ne nous flattions pas nous-mêmes, la flatterie des autres ne nous pourrait nuire.

CLIII.

La nature fait le mérite, et la fortune le met en œuvre.

CLIV.

La fortune nous corrige de plusieurs défauts que la raison ne saurait corriger.

* CLV.

Il y a des gens dégoûtants avec du mérite, et d'autres qui plaisent avec des défauts [2].

---

[1] *Var.* L'approbation que l'on donne à l'esprit, à la beauté et à la valeur, les augmente, les perfectionne, et leur fait faire de plus grands effets qu'ils n'auraient été capables de faire d'eux-mêmes. (1665 — n° 156.)

[2] *Var.* Comme il y a de bonnes viandes qui affadissent le cœur, il y a un mérite fade, et des personnes qui dégoûtent avec des qualités bonnes et estimables. (1665 — n° 162.)

CLVI.

Il y a des gens dont tout le mérite consiste à dire et à faire des sottises utilement, et qui gâteraient tout s'ils changeaient de conduite.

* CLVII.

La gloire des grands hommes se doit toujours mesurer aux moyens dont ils se sont servis pour l'acquérir.

CLVIII.

La flatterie est une fausse monnaie qui n'a de cours que par notre vanité.

CLIX.

Ce n'est pas assez d'avoir de grandes qualités, il en faut avoir l'économie.

CLX.

Quelque éclatante que soit une action, elle ne doit pas passer pour grande, lorsqu'elle n'est pas l'effet d'un grand dessein [1].

CLXI.

Il doit y avoir une certaine proportion entre les actions et les desseins, si on en veut tirer tous les effets qu'elles peuvent produire.

CLXII.

L'art de savoir bien mettre en œuvre de médiocres

---

[1] *Var.* On se mécompte toujours dans le jugement que l'on fait de nos actions, quand elles sont plus grandes que nos desseins. (1665 — n° 167.)

qualités dérobe l'estime, et donne souvent plus de réputation que le véritable mérite.

CLXIII.

Il y a une infinité de conduites qui paraissent ridicules, et dont les raisons cachées sont très-sages et très-solides[1].

* CLXIV.

Il est plus facile de paraître digne des emplois qu'on n'a pas, que de ceux que l'on exerce.

CLXV.

Notre mérite nous attire l'estime des honnêtes gens, et notre étoile celle du public.

CLXVI.

Le monde récompense plus souvent les apparences du mérite, que le mérite même.

CLXVII.

L'avarice est plus opposée à l'économie, que la libéralité.

* CLXVIII.

L'espérance, toute trompeuse qu'elle est, sert au moins à nous mener à la fin de la vie par un chemin agréable.

CLXIX.

Pendant que la paresse et la timidité nous retien-

---

[1] *Var.* Il y a une infinité de conduites qui ont un ridicule apparent, et qui sont, dans leurs raisons cachées, très-sages et très-solides. (1665 — n° 170.)

nent dans notre devoir, notre vertu en a souvent tout l'honneur¹.

* CLXX.

Il est difficile de juger si un procédé net, sincère et honnête, est un effet de probité ou d'habileté².

CLXXI.

Les vertus se perdent dans l'intérêt, comme les fleuves se perdent dans la mer.

CLXXII.

Si on examine bien les divers effets de l'ennui, on trouvera qu'il fait manquer à plus de devoirs que l'intérêt.

* CLXXIII.

Il y a diverses sortes de curiosité : l'une d'intérêt, qui nous porte à désirer d'apprendre ce qui nous peut être utile; et l'autre d'orgueil, qui vient du désir de savoir ce que les autres ignorent³.

---

¹ *Var.* Pendant que la paresse et la timidité ont seules le mérite de nous tenir dans notre devoir, notre vertu en a tout l'honneur. (1665 — n° 177.)

² *Var.* Il n'y a personne qui sache si un procédé net, sincère et honnête, est plutôt un effet de probité que d'habileté. (1665 — n° 178.)

³ *Var.* La curiosité n'est pas, comme l'on croit, un simple amour de la nouveauté : il y en a une d'intérêt qui fait que nous voulons savoir les choses pour nous en prévaloir ; il y en a une autre d'orgueil qui nous donne envie d'être au-dessus de ceux qui ignorent les choses, et de n'être pas au-dessous de ceux qui les savent. (1665 — n° 182.)

CLXXIV.

Il vaut mieux employer notre esprit à supporter les infortunes qui nous arrivent, qu'à prévoir celles qui nous peuvent arriver.

CLXXV.

La constance en amour est une inconstance perpétuelle, qui fait que notre cœur s'attache successivement à toutes les qualités de la personne que nous aimons, donnant tantôt la préférence à l'une, tantôt à l'autre; de sorte que cette constance n'est qu'une inconstance arrêtée et renfermée dans un même sujet.

CLXXVI.

Il y a deux sortes de constance en amour : l'une vient de ce que l'on trouve sans cesse dans la personne que l'on aime de nouveaux sujets d'aimer; et l'autre vient de ce que l'on se fait un honneur d'être constant.

* CLXXVII.

La persévérance n'est digne ni de blâme ni de louange, parce qu'elle n'est que la durée des goûts et des sentiments, qu'on ne s'ôte et qu'on ne se donne point.

CLXXVIII.

Ce qui nous fait aimer les nouvelles connaissances, n'est pas tant la lassitude que nous avons des vieilles, ou le plaisir de changer, que le dégoût de n'être pas assez admirés de ceux qui nous connaissent trop, et l'espérance de l'être davantage de ceux qui ne nous connaissent pas tant.

CLXXIX.

Nous nous plaignons quelquefois légèrement de nos amis, pour justifier par avance notre légèreté.

CLXXX.

Notre repentir n'est pas tant un regret du mal que nous avons fait, qu'une crainte de celui qui nous en peut arriver.

CLXXXI.

Il y a une inconstance qui vient de la légèreté de l'esprit, ou de sa faiblesse, qui lui fait recevoir toutes les opinions d'autrui ; et il y en a une autre, qui est plus excusable, qui vient du dégoût des choses.

*CLXXXII.

Les vices entrent dans la composition des vertus, comme les poisons entrent dans la composition des remèdes. La prudence les assemble et les tempère, et elle s'en sert utilement contre les maux de la vie.

*CLXXXIII.

Il faut demeurer d'accord, à l'honneur de la vertu, que les plus grands malheurs des hommes sont ceux où ils tombent par les crimes.

CLXXXIV.

Nous avouons nos défauts pour réparer par notre sincérité le tort qu'ils nous font dans l'esprit des autres[1].

---

[1] *Var.* Nous avouons nos défauts, afin qu'en donnant bonne opi-

MORALES.

* CLXXXV.

Il y a des héros en mal comme en bien.

CLXXXVI.

On ne méprise pas tous ceux qui ont des vices; mais on méprise tous ceux qui n'ont aucune vertu [1].

CLXXXVII.

Le nom de la vertu sert à l'intérêt aussi utilement que les vices.

CLXXXVIII.

La santé de l'âme n'est pas plus assurée que celle du corps; et quoique l'on paraisse éloigné des passions, on n'est pas moins en danger de s'y laisser emporter, que de tomber malade quand on se porte bien.

CLXXXIX.

Il semble que la nature ait prescrit à chaque homme, dès sa naissance, des bornes pour les vertus et pour les vices.

CXC.

Il n'appartient qu'aux grands hommes d'avoir de grands défauts.

* CXCI.

On peut dire que les vices nous attendent dans le

---

nion de la justice de notre esprit, nous réparions le tort qu'ils nous ont fait dans l'esprit des autres. (1665 — n° 193). — Nous n'avouons jamais nos défauts que par vanité. (1665 — n° 200.)

[1] *Var.* On peut haïr et mépriser les vices, sans haïr ni mépriser les vicieux; mais on a toujours du mépris pour ceux qui manquent de vertu. (1665 — n° 195.)

cours de la vie, comme des hôtes chez qui il faut successivement loger ; et je doute que l'expérience nous les fît éviter, s'il nous était permis de faire deux fois le même chemin.

CXCII.

Quand les vices nous quittent, nous nous flattons de la créance que c'est nous qui les quittons.

CXCIII.

Il y a des rechutes dans les maladies de l'âme comme dans celles du corps. Ce que nous prenons pour notre guérison, n'est le plus souvent qu'un relâche ou un changement de mal.

CXCIV.

Les défauts de l'âme sont comme les blessures du corps ; quelque soin qu'on prenne de les guérir, la cicatrice paraît toujours, et elles sont à tout moment en danger de se rouvrir.

CXCV.

Ce qui nous empêche souvent de nous abandonner à un seul vice, est que nous en avons plusieurs.

CXCVI.

Nous oublions aisément nos fautes, lorsqu'elles ne sont sues que de nous[1].

---

[1] *Var.* Quand il n'y a que nous qui savons nos crimes, ils sont bientôt oubliés. (1665 — n° 207.)

CXCVII.

Il y a des gens de qui l'on peut ne jamais croire du mal sans l'avoir vu; mais il n'y en a point en qui il nous doive surprendre en le voyant.

CXCVIII.

Nous élevons la gloire des uns pour abaisser celle des autres : et quelquefois on louerait moins monsieur le Prince et monsieur de Turenne, si on ne les voulait point blâmer tous deux[1].

CXCIX.

Le désir de paraître habile empêche souvent de le devenir.

* CC.

La vertu n'irait pas si loin, si la vanité ne lui tenait compagnie.

CCI.

Celui qui croit pouvoir trouver en soi-même de quoi se passer de tout le monde, se trompe fort; mais celui qui croit qu'on ne peut se passer de lui, se trompe encore davantage.

CCII.

Les faux honnêtes gens sont ceux qui déguisent leurs défauts aux autres et à eux-mêmes; les vrais honnêtes

---

[1] Dans la première édition (1665 — n° 149), cette réflexion et la 145ᵉ n'en faisaient qu'une seule, et étaient comprises sous le même n°. Dès la 2ᵉ édition (1666), La Rochefoucauld les sépara, et les plaça dans l'ordre où elles sont aujourd'hui.

gens sont ceux qui les connaissent parfaitement et les confessent.

CCIII.

Le vrai honnête homme est celui qui ne se pique de rien.

CCIV.

La sévérité des femmes est un ajustement et un fard qu'elles ajoutent à leur beauté [1].

*CCV.

L'honnêteté des femmes est souvent l'amour de leur réputation et de leur repos.

CCVI.

C'est être véritablement honnête homme, que de vouloir être toujours exposé à la vue des honnêtes gens.

CCVII.

La folie nous suit dans tous les temps de la vie. Si quelqu'un paraît sage, c'est seulement parce que ses folies sont proportionnées à son âge et à sa fortune.

CCVIII.

Il y a des gens niais qui se connaissent, et qui emploient habilement leur niaiserie.

CCIX.

Qui vit sans folie, n'est pas si sage qu'il croit.

---

[1] *Var.* Dans la première édition, la pensée se terminait ainsi : « C'est un attrait fin et délicat, et une douceur déguisée. » (1665 — n° 216.)

CCX.

En vieillissant, on devient plus fou et plus sage.

* CCXI.

Il y a des gens qui ressemblent aux vaudevilles, qu'on ne chante qu'un certain temps[1].

CCXII.

La plupart des gens ne jugent des hommes que par la vogue qu'ils ont, ou par leur fortune.

CCXIII.

L'amour de la gloire, la crainte de la honte, le dessein de faire fortune, le désir de rendre notre vie commode et agréable, et l'envie d'abaisser les autres, sont souvent les causes de cette valeur, si célèbre parmi les hommes.

CCXIV.

La valeur est dans les simples soldats un métier périlleux qu'ils ont pris pour gagner leur vie.

CCXV.

La parfaite valeur et la poltronnerie complète sont deux extrémités où l'on arrive rarement. L'espace qui est entre deux est vaste, et contient toutes les autres espèces de courage. Il n'y a pas moins de différence entre elles qu'entre les visages et les humeurs. Il y a des hommes qui s'exposent volontiers au commence-

---

[1] *Var.* Il y a des gens qui ressemblent aux vaudevilles, que tout le monde chante un certain temps, quelque fades et dégoûtants qu'ils soient. (1665 — n° 223.)

ment d'une action, et qui se relâchent et se rebutent aisément par sa durée. Il y en a qui sont contents quand ils ont satisfait à l'honneur du monde, et qui font fort peu de chose au delà. On en voit qui ne sont pas toujours également maîtres de leur peur. D'autres se laissent quelquefois entraîner à des terreurs générales; d'autres vont à la charge parce qu'ils n'osent demeurer dans leurs postes. Il s'en trouve à qui l'habitude des moindres périls affermit le courage, et les prépare à s'exposer à de plus grands. Il y en a qui sont braves à coups d'épée, et qui craignent les coups de mousquet; d'autres sont assurés aux coups de mousquet, et appréhendent de se battre à coups d'épée. Tous ces courages de différentes espèces conviennent, en ce que la nuit augmentant la crainte et cachant les bonnes et les mauvaises actions, elle donne la liberté de se ménager. Il y a encore un autre ménagement plus général : car on ne voit point d'homme qui fasse tout ce qu'il serait capable de faire dans une occasion, s'il était assuré d'en revenir; de sorte qu'il est visible que la crainte de la mort ôte quelque chose de la valeur.

CCXVI.

La parfaite valeur est de faire sans témoins ce qu'on serait capable de faire devant tout le monde[1].

---

[1] *Var.* La pure valeur (s'il y en avait) serait de faire sans témoins, etc. (1665 — n° 229.)

CCXVII.

L'intrépidité est une force extraordinaire de l'âme, qui l'élève au-dessus des troubles, des désordres et des émotions que la vue des grands périls pourrait exciter en elle ; et c'est par cette force que les héros se maintiennent en un état paisible, et conservent l'usage libre de leur raison dans les accidents les plus surprenants et les plus terribles.

*CCXVIII.

L'hypocrisie est un hommage que le vice rend à la vertu.

CCXIX.

La plupart des hommes s'exposent assez dans la guerre pour sauver leur honneur ; mais peu se veulent toujours exposer autant qu'il est nécessaire pour faire réussir le dessein pour lequel ils s'exposent.

CCXX.

La vanité, la honte, et surtout le tempérament, font souvent la valeur des hommes et la vertu des femmes[1].

CCXXI.

On ne veut point perdre la vie, et on veut acquérir de la gloire : ce qui fait que les braves ont plus d'adresse et d'esprit pour éviter la mort, que les gens de chicane n'en ont pour conserver leur bien.

---

[1] *Var.* Dans la première édition, La Rochefoucauld n'avait pas étendu ce raisonnement à la vertu des femmes.

CCXXII.

Il n'y a guère de personnes qui, dans le premier penchant de l'âge, ne fassent connaître par où leur corps et leur esprit doivent défaillir.

* CCXXIII.

Il est de la reconnaissance comme de la bonne foi des marchands; elle entretient le commerce; et nous ne payons pas parce qu'il est juste de nous acquitter, mais pour trouver plus facilement des gens qui nous prêtent.

CCXXIV.

Tous ceux qui s'acquittent des devoirs de la reconnaissance, ne peuvent pas pour cela se flatter d'être reconnaissants.

CCXXV.

Ce qui fait le mécompte dans la reconnaissance qu'on attend des grâces que l'on a faites, c'est que l'orgueil de celui qui donne, et l'orgueil de celui qui reçoit, ne peuvent convenir du prix du bienfait.

CCXXVI.

Le trop grand empressement qu'on a de s'acquitter d'une obligation, est une espèce d'ingratitude.

CCXXVII.

Les gens heureux ne se corrigent guère; ils croient toujours avoir raison, quand la fortune soutient leur mauvaise conduite.

CCXXVIII.

L'orgueil ne veut pas devoir, et l'amour-propre ne veut pas payer.

CCXXIX.

Le bien que nous avons reçu de quelqu'un veut que nous respections le mal qu'il nous fait[1].

CCXXX.

Rien n'est si contagieux que l'exemple, et nous ne faisons jamais de grands biens ni de grands maux qui n'en produisent de semblables. Nous imitons les bonnes actions par émulation, et les mauvaises par la malignité de notre nature, que la honte retenait prisonnière, et que l'exemple met en liberté.

CCXXXI.

C'est une grande folie de vouloir être sage tout seul.

CCXXXII.

Quelque prétexte que nous donnions à nos afflictions, ce n'est souvent que l'intérêt et la vanité qui les causent.

CCXXXIII.

Il y a dans les afflictions diverses sortes d'hypocrisie. Dans l'une, sous prétexte de pleurer la perte d'une personne qui nous est chère, nous nous pleurons nous-

---

[1] *Var.* Le bien qu'on nous a fait veut que nous respections le mal que l'on nous fait après. (1665 — n° 243.) — Le bien que nous avons reçu veut que nous respections le mal qu'on nous fait. (1666 — 1671 — 1675 — n° 229.)

mêmes; nous regrettons la bonne opinion qu'elle avait de nous; nous pleurons la diminution de notre bien, de notre plaisir, de notre considération. Ainsi les morts ont l'honneur des larmes qui ne coulent que pour les vivants. Je dis que c'est une espèce d'hypocrisie, à cause que dans ces sortes d'afflictions on se trompe soi-même. Il y a une autre hypocrisie qui n'est pas si innocente, parce qu'elle impose à tout le monde : c'est l'affliction de certaines personnes qui aspirent à la gloire d'une belle et immortelle douleur. Après que le temps, qui consume tout, a fait cesser celle qu'elles avaient en effet, elles ne laissent pas d'opiniâtrer leurs pleurs, leurs plaintes et leurs soupirs; elles prennent un personnage lugubre, et travaillent à persuader, par toutes leurs actions, que leur déplaisir ne finira qu'avec leur vie. Cette triste et fatigante vanité se trouve d'ordinaire dans les femmes ambitieuses. Comme leur sexe leur ferme tous les chemins qui mènent à la gloire, elles s'efforcent de se rendre célèbres par la montre d'une inconsolable affliction. Il y a encore une autre espèce de larmes qui n'ont que de petites sources qui coulent et se tarissent facilement. On pleure pour avoir la réputation d'être tendre; on pleure pour être plaint; on pleure pour être pleuré; enfin on pleure pour éviter la honte de ne pleurer pas.

CCXXXIV.

C'est plus souvent par orgueil que par défaut de lumières, qu'on s'oppose avec tant d'opiniâtreté aux opinions les plus suivies : on trouve les premières places prises dans le bon parti, et on ne veut point des dernières.

CCXXXV.

Nous nous consolons aisément des disgrâces de nos amis, lorsqu'elles servent à signaler notre tendresse pour eux.

CCXXXVI.

Il semble que l'amour-propre soit la dupe de la bonté, et qu'il s'oublie lui-même lorsque nous travaillons pour l'avantage des autres. Cependant c'est prendre le chemin le plus assuré pour arriver à ses fins ; c'est prêter à usure, sous prétexte de donner : c'est enfin s'acquérir tout le monde par un moyen subtil et délicat[1].

---

[1] *Var.* Qui considérera superficiellement tous les effets de la bonté qui nous fait sortir hors de nous-mêmes, et qui nous immole continuellement à l'avantage de tout le monde, sera tenté de croire que lorsqu'elle agit, l'amour-propre s'oublie et s'abandonne lui-même, ou se laisse dépouiller et appauvrir sans s'en apercevoir. De sorte qu'il semble que l'amour-propre soit la dupe de la bonté : cependant c'est le plus utile de tous les moyens dont l'amour-propre se sert pour arriver à ses fins ; c'est un chemin dérobé par où il revient à lui-même plus riche et plus abondant, c'est un désintéressement qu'il met à une furieuse usure, c'est enfin un ressort délicat avec lequel il réunit, il dispose et tourne tous les hommes en sa faveur. (1665 — n° 250.)

* CCXXXVII.

Nul ne mérite d'être loué de sa bonté, s'il n'a pas la force d'être méchant. Toute autre bonté n'est le plus souvent qu'une paresse ou une impuissance de la volonté.

* CCXXXVIII.

Il n'est pas si dangereux de faire du mal à la plupart des hommes, que de leur faire trop de bien.

CCXXXIX.

Rien ne flatte plus notre orgueil que la confiance des grands, parce que nous la regardons comme un effet de notre mérite, sans considérer qu'elle ne vient le plus souvent que de vanité ou d'impuissance de garder le secret[1].

CCXL.

On peut dire de l'agrément séparé de la beauté, que c'est une symétrie dont on ne sait point les règles, et un rapport secret des traits ensemble et des traits avec les couleurs et avec l'air de la personne.

---

[1] *Var.* Rien ne nous plaît tant que la confiance des grands et des personnes considérables par leurs emplois, par leur esprit, ou par leur mérite; elle nous fait sentir un plaisir exquis, et élève merveilleusement notre orgueil, parce que nous la regardons comme un effet de notre fidélité : cependant nous serions remplis de confusion, si nous considérions l'imperfection et la bassesse de sa naissance, car elle vient de la vanité, de l'envie de parler, et de l'impuissance de retenir le secret; de sorte qu'on peut dire que la confiance est comme un relâchement de l'âme causé par le nombre et par le poids des choses dont elle est pleine. (1665 — n° 255.)

CCXLI.

La coquetterie est le fond de l'humeur des femmes ; mais toutes ne la mettent pas en pratique, parce que la coquetterie de quelques-unes est retenue par la crainte ou par la raison[1].

CCXLII.

On incommode souvent les autres, quand on croit ne les pouvoir jamais incommoder.

CCXLIII.

Il y a peu de choses impossibles d'elles-mêmes ; et l'application pour les faire réussir nous manque plus que les moyens.

CCXLIV.

La souveraine habileté consiste à bien connaître le prix des choses.

CCXLV.

C'est une grande habileté que de savoir cacher son habileté[2].

CCXLVI.

Ce qui paraît générosité n'est souvent qu'une am-

---

[1] *Var.* La coquetterie est le fond et l'humeur de toutes les femmes ; mais toutes ne la mettent pas en pratique, parce que la coquetterie de quelques-unes est retenue par leur tempérament et par leur raison. (1665 — n° 263.)

[2] *Var.* Le plus grand art d'un habile homme est celui de savoir cacher son habileté. (1665 — n° 267.)

bition déguisée qui méprise de petits intérêts, pour aller à de plus grands[1].

*CCXLVII.

La fidélité qui paraît en la plupart des hommes, n'est qu'une invention de l'amour-propre, pour attirer la confiance; c'est un moyen de nous élever au-dessus des autres, et de nous rendre dépositaires des choses les plus importantes[2].

CCXLVIII.

La magnanimité méprise tout, pour avoir tout.

CCXLIX.

Il n'y a pas moins d'éloquence dans le ton de la voix, dans les yeux et dans l'air de la personne, que dans le choix des paroles[3].

---

[1] *Var.* La générosité est un industrieux emploi du désintéressement, pour aller plus tôt à un plus grand intérêt. (1665 — n° 268.)

[2] *Var.* La fidélité est une invention rare de l'amour-propre, par laquelle l'homme s'érigeant en dépositaire des choses précieuses, se rend lui-même infiniment précieux : de tous les trafics de l'amour-propre, c'est celui où il fait le moins d'avances et de plus grands profits; c'est un raffinement de sa politique avec lequel il engage les hommes par leurs biens, par leur honneur, par leur liberté et par leur vie, qu'ils sont forcés de confier en quelques occasions, à élever l'homme fidèle au-dessus de tout le monde. (1665 — n° 269.)

[3] *Var.* Il n'y a pas moins d'éloquence dans le ton de la voix que dans le choix des paroles. (1665 — n° 272.) — Il y a une éloquence dans les yeux et dans l'air de la personne, qui ne persuade pas moins que celle de la parole. (*Id.*, n° 274.)

CCL.

La véritable éloquence consiste à dire tout ce qu'il faut, et à ne dire que ce qu'il faut.

*CCLI.

Il y a des personnes à qui les défauts siéent bien, et d'autres qui sont disgraciées avec leurs bonnes qualités.

CCLII.

Il est aussi ordinaire de voir changer les goûts, qu'il est extraordinaire de voir changer les inclinations.

*CCLIII.

L'intérêt met en œuvre toutes sortes de vertus et de vices[1].

CCLIV.

L'humilité n'est souvent qu'une feinte soumission dont on se sert pour soumettre les autres. C'est un artifice de l'orgueil qui s'abaisse pour s'élever; et bien qu'il se transforme en mille manières, il n'est jamais mieux déguisé et plus capable de tromper, que lorsqu'il se cache sous la figure de l'humilité[2].

---

[1] *Var.* L'intérêt donne toutes sortes de vertus et de vices. (1665 — n° 276.)

[2] *Var.* L'humilité n'est souvent qu'une feinte soumission que nous employons pour soumettre effectivement tout le monde; c'est un mouvement de l'orgueil par lequel il s'abaisse devant les hommes pour s'élever sur eux; c'est un déguisement, et son premier stratagème : mais quoique ses changements soient presque infinis, et qu'il soit admirable sous toutes sortes de figures, il faut avouer néanmoins qu'il n'est jamais si rare ni si extraordinaire que

CCLV.

Tous les sentiments ont chacun un ton de voix, des gestes et des mines qui leur sont propres; et ce rapport, bon ou mauvais, agréable ou désagréable, est ce qui fait que les personnes plaisent ou déplaisent[1].

CCLVI.

Dans toutes les professions, chacun affecte une mine et un extérieur pour paraître ce qu'il veut qu'on le croie. Ainsi on peut dire que le monde n'est composé que de mines[2].

* CCLVII.

La gravité est un mystère du corps, inventé pour cacher les défauts de l'esprit.

lorsqu'il se cache sous la forme et sous l'habit de l'humilité, car alors on le voit les yeux baissés, dans une contenance modeste et reposée; toutes ses paroles sont douces et respectueuses, pleines d'estime pour les autres et de dédain pour lui-même. Si on l'en veut croire, il est indigne de tous les honneurs, il n'est capable d'aucun emploi, il ne reçoit les charges où on l'élève que comme un effet de la bonté des hommes, et de la faveur aveugle de la fortune. C'est l'orgueil qui joue tous les personnages que l'on prend pour l'humilité. (1665 — n° 277.)

[1] *Var.* Tous les sentiments ont chacun un ton de voix, un geste et des mines qui leur sont propres; ce rapport, bon ou mauvais, fait les bons ou les mauvais comédiens, et c'est ce qui fait aussi que les personnes plaisent ou déplaisent. (1665 — n° 278.)

[2] *Var.* Dans toutes les professions et dans tous les arts, chacun se fait une mine et un extérieur qu'il met en la place de la chose dont il veut avoir le mérite; de sorte que tout le monde n'est composé que de mines, et c'est inutilement que nous travaillons à y trouver rien de réel.

* CCLVIII.

Le bon goût vient plus du jugement que de l'esprit.

CCLIX.

Le plaisir de l'amour est d'aimer; et l'on est plus heureux par la passion que l'on a, que par celle que l'on donne.

* CCLX.

La civilité est un désir d'en recevoir, et d'être estimé poli.

* CCLXI.

L'éducation que l'on donne d'ordinaire aux jeunes gens est un second amour-propre qu'on leur inspire.

* CCLXII.

Il n'y a point de passion où l'amour de soi-même règne si puissamment que dans l'amour; et on est toujours plus disposé à sacrifier le repos de ce qu'on aime, qu'à perdre le sien.

* CCLXIII.

Ce qu'on nomme libéralité n'est le plus souvent que la vanité de donner, que nous aimons mieux que ce que nous donnons[1].

* CCLXIV.

La pitié est souvent un sentiment de nos propres maux dans les maux d'autrui. C'est une habile prévoyance des malheurs où nous pouvons tomber. Nous

---

[1] *Var.* Il n'y a point de libéralité; ce n'est que la vanité de donner que nous aimons mieux que ce que nous donnons. (1665 — n° 286.)

donnons du secours aux autres pour les engager à nous en donner en de semblables occasions; et ces services que nous leur rendons sont, à proprement parler, des biens que nous nous faisons à nous-mêmes par avance.

CCLXV.

La petitesse de l'esprit fait l'opiniâtreté, et nous ne croyons pas aisément ce qui est au delà de ce que nous voyons[1].

CCLXVI.

C'est se tromper que de croire qu'il n'y ait que les violentes passions, comme l'ambition et l'amour, qui puissent triompher des autres. La paresse, toute languissante qu'elle est, ne laisse pas d'en être souvent la maîtresse; elle usurpe sur tous les desseins et sur toutes les actions de la vie; elle y détruit et y consume insensiblement les passions et les vertus.

CCLXVII.

La promptitude à croire le mal sans l'avoir assez examiné, est un effet de l'orgueil et de la paresse. On veut trouver des coupables, et on ne veut pas se donner la peine d'examiner les crimes.

CCLXVIII.

Nous récusons des juges pour les plus petits intérêts, et nous voulons bien que notre réputation et

---

[1] *Var.* La seconde partie de cette réflexion se trouve répétée deux fois dans la première édition, n°s 257, 288.

notre gloire dépendent du jugement des hommes, qui nous sont tous contraires, ou par leur jalousie, ou par leur préoccupation, ou par leur peu de lumières; et ce n'est que pour les faire prononcer en notre faveur, que nous exposons en tant de manières notre repos et notre vie[1].

CCLXIX.

Il n'y a guère d'homme assez habile pour connaître tout le mal qu'il fait.

CCLXX.

L'honneur acquis est caution de celui qu'on doit acquérir.

*CCLXXI.

La jeunesse est une ivresse continuelle ; c'est la fièvre de la raison[2].

CCLXXII.

Rien ne devrait plus humilier les hommes qui ont mérité de grandes louanges, que le soin qu'ils prennent encore de se faire valoir par de petites choses.

---

[1] *Var.* Nous récusons tous les jours des juges pour les plus petits intérêts, et nous faisons dépendre notre gloire et notre réputation, qui sont les plus grands biens du monde, du jugement des hommes qui nous sont tous contraires, ou par leur jalousie, ou par leur malignité, ou par leur préoccupation, ou par leur sottise ; et c'est pour obtenir d'eux un arrêt en notre faveur, que nous exposons notre repos et notre vie en cent manières, et que nous la condamnons à une infinité de soucis, de peines et de travaux. (1665 — n° 292.)

[2] *Var.* La jeunesse est une ivresse continuelle : c'est la fièvre de la santé, c'est la folie de la raison. (1665 — n° 295.)

CCLXXIII.

Il y a des gens qu'on approuve dans le monde, qui n'ont pour tout mérite que les vices qui servent au commerce de la vie.

CCLXXIV.

La grâce de la nouveauté est à l'amour ce que la fleur est sur les fruits; elle y donne un lustre qui s'efface aisément, et qui ne revient jamais.

* CCLXXV.

Le bon naturel, qui se vante d'être si sensible, est souvent étouffé par le moindre intérêt.

CCLXXVI.

L'absence diminue les médiocres passions, et augmente les grandes, comme le vent éteint les bougies et allume le feu.

CCLXXVII.

Les femmes croient souvent aimer, encore qu'elles n'aiment pas. L'occupation d'une intrigue, l'émotion d'esprit que donne la galanterie, la pente naturelle au plaisir d'être aimées, et la peine de refuser, leur persuadent qu'elles ont de la passion lorsqu'elles n'ont que de la coquetterie.

CCLXXVIII.

Ce qui fait que l'on est souvent mécontent de ceux qui négocient, est qu'ils abandonnent presque toujours l'intérêt de leurs amis pour l'intérêt du succès de la négociation, qui devient le leur, par l'honneur d'avoir réussi à ce qu'ils avaient entrepris.

CCLXXIX.

Quand nous exagérons la tendresse que nos amis ont pour nous, c'est souvent moins par reconnaissance que par le désir de faire juger de notre mérite.

CCLXXX.

L'approbation que l'on donne à ceux qui entrent dans le monde, vient souvent de l'envie secrète que l'on porte à ceux qui y sont établis.

CCLXXXI.

L'orgueil, qui nous inspire tant d'envie, nous sert souvent aussi à la modérer.

CCLXXXII.

Il y a des faussetés déguisées qui représentent si bien la vérité, que ce serait mal juger que de ne s'y pas laisser tromper.

CCLXXXIII.

Il n'y a pas quelquefois moins d'habileté à savoir profiter d'un bon conseil, qu'à se bien conseiller soi-même.

CCLXXXIV.

Il y a des méchants qui seraient moins dangereux, s'ils n'avaient aucune bonté.

* CCLXXXV.

La magnanimité est assez définie par son nom; néanmoins on pourrait dire que c'est le bon sens de l'orgueil, et la voie la plus noble pour recevoir des louanges.

CCLXXXVI.

Il est impossible d'aimer une seconde fois ce qu'on a véritablement cessé d'aimer.

CCLXXXVII.

Ce n'est pas tant la fertilité de l'esprit qui nous fait trouver plusieurs expédients sur une même affaire, que c'est le défaut de lumières qui nous fait arrêter à tout ce qui se présente à notre imagination, et qui nous empêche de discerner d'abord ce qui est le meilleur.

CCLXXXVIII.

Il y a des affaires et des maladies que les remèdes aigrissent en certains temps; et la grande habileté consiste à connaître quand il est dangereux d'en user[1].

CCLXXXIX.

La simplicité affectée est une imposture délicate.

CCXC.

Il y a plus de défauts dans l'humeur que dans l'esprit.

* CCXCI.

Le mérite des hommes a sa saison, aussi bien que les fruits.

CCXCII.

On peut dire de l'humeur des hommes comme de

---

[1] *Var.* Il est des affaires et des maladies que les remèdes aigrissent; et on peut dire que la grande habileté consiste à savoir connaître les temps où il est dangereux d'en faire. (1665 -- n° 316.)

MORALES. 71

la plupart des bâtiments, qu'elle a diverses faces; les unes agréables, et les autres désagréables.

*CCXCIII.

La modération ne peut avoir le mérite de combattre l'ambition et de la soumettre; elles ne se trouvent jamais ensemble. La modération est la langueur et la paresse de l'âme, comme l'ambition en est l'activité et l'ardeur[1].

CCXCIV.

Nous aimons toujours ceux qui nous admirent, et nous n'aimons pas toujours ceux que nous admirons.

CCXCV.

Il s'en faut bien que nous ne connaissions toutes nos volontés[2].

---

[1] *Var.* La modération dans la plupart des hommes n'a garde de combattre et de soumettre l'ambition, puisqu'elles ne se peuvent trouver ensemble; la modération n'étant d'ordinaire qu'une paresse, une langueur, et un manque de courage : de manière qu'on peut justement dire, à leur égard, que la modération est une bassesse de l'âme, comme l'ambition en est l'élévation. (1665.— n° 17.)

[2] *Var.* Comment peut-on répondre de ce qu'on voudra à l'avenir, puisque l'on ne sait pas précisément ce que l'on veut dans le temps présent? (1665 — n° 74.)

Dans le temps où La Rochefoucauld écrivait, et il y a peu d'années encore, lorsqu'après *il s'en faut* il n'y avait point d'adverbe, ou qu'il y en avait un autre que *peu*, on pouvait indifféremment employer ou retrancher *ne*. Aujourd'hui la langue est fixée sur ce point; et toutes les fois que le verbe *il s'en faut* n'est accompagné ni d'une négation, ni de quelques mots qui aient un sens négatif, tels que *peu, guère, presque rien*, etc., la proposition subordonnée

CCXCVI.

Il est difficile d'aimer ceux que nous n'estimons point; mais il ne l'est pas moins d'aimer ceux que nous estimons beaucoup plus que nous.

CCXCVII.

Les humeurs du corps ont un cours ordinaire et réglé, qui meut et qui tourne imperceptiblement notre volonté. Elles roulent ensemble, et exercent successivement un empire secret en nous; de sorte qu'elles ont une part considérable à toutes nos actions, sans que nous le puissions connaître[1].

CCXCVIII.

La reconnaissance de la plupart des hommes n'est qu'une secrète envie de recevoir de plus grands bienfaits.

CCXCIX.

Presque tout le monde prend plaisir à s'acquitter

---

s'emploie sans la négative *ne*. Tous les éditeurs se sont permis de corriger cette faute, qui se retrouve plusieurs fois dans l'ouvrage.

[1] *Var*. Nous ne nous apercevons que des emportements, et des mouvements extraordinaires de nos humeurs et de notre tempérament, comme de la violence de la colère; mais personne quasi ne s'aperçoit que ces humeurs ont un cours ordinaire et réglé, qui meut et tourne doucement et imperceptiblement notre volonté à des actions différentes; elles roulent ensemble, s'il faut ainsi dire, et exercent successivement un empire secret en nous-mêmes; de sorte qu'elles ont une part considérable en toutes nos actions, sans que nous le puissions reconnaître. (1665 — n° 48.)

des petites obligations : beaucoup de gens ont de la reconnaissance pour les médiocres ; mais il n'y a quasi personne qui n'ait de l'ingratitude pour les grandes.

CCC.

Il y a des folies qui se prennent comme les maladies contagieuses.

CCCI.

Assez de gens méprisent le bien ; mais peu savent le donner.

CCCII.

Ce n'est d'ordinaire que dans de petits intérêts où nous prenons le hasard de ne pas croire aux apparences.

CCCIII.

Quelque bien qu'on nous dise de nous, on ne nous apprend rien de nouveau.

CCCIV.

Nous pardonnons souvent à ceux qui nous ennuient ; mais nous ne pouvons pardonner à ceux que nous ennuyons.

CCCV.

L'intérêt, que l'on accuse de tous nos crimes, mérite souvent d'être loué de nos bonnes actions.

CCCVI.

On ne trouve guère d'ingrats, tant qu'on est en état de faire du bien.

* CCCVII.

Il est aussi honnête d'être glorieux avec soi-même, qu'il est ridicule de l'être avec les autres.

CCCVIII.

On a fait une vertu de la modération, pour borner l'ambition des grands hommes, et pour consoler les gens médiocres de leur peu de fortune et de leur peu de mérite.

CCCIX.

Il y a des gens destinés à être sots, qui ne font pas seulement de sottises par leur choix, mais que la fortune même contraint d'en faire.

* CCCX.

Il arrive quelquefois des accidents dans la vie, d'où il faut être un peu fou pour se bien tirer.

CCCXI.

S'il y a des hommes dont le ridicule n'ait jamais paru, c'est qu'on ne l'a jamais bien cherché.

* CCCXII.

Ce qui fait que les amants et les maîtresses ne s'ennuient point d'être ensemble, c'est qu'ils parlent toujours d'eux-mêmes.

CCCXIII.

Pourquoi faut-il que nous ayons assez de mémoire pour retenir jusqu'aux moindres particularités de ce qui nous est arrivé, et que nous n'en ayons pas assez pour nous souvenir combien de fois nous les avons contées à une même personne?

CCCXIV.

L'extrême plaisir que nous prenons à parler de nous-mêmes, nous doit faire craindre de n'en donner guère à ceux qui nous écoutent.

CCCXV.

Ce qui nous empêche d'ordinaire de faire voir le fond de notre cœur à nos amis, n'est pas tant la défiance que nous avons d'eux, que celle que nous avons de nous-mêmes.

CCCXVI.

Les personnes faibles ne peuvent être sincères.

* CCCXVII.

Ce n'est pas un grand malheur d'obliger des ingrats; mais c'en est un insupportable d'être obligé à un malhonnête homme.

CCCXVIII.

On trouve des moyens pour guérir de la folie, mais on n'en trouve point pour redresser un esprit de travers.

* CCCXIX.

On ne saurait conserver longtemps les sentiments qu'on doit avoir pour ses amis et pour ses bienfaiteurs, si on se laisse la liberté de parler souvent de leurs défauts.

CCCXX.

Louer les princes des vertus qu'ils n'ont pas, c'est leur dire impunément des injures.

CCCXXI.

Nous sommes plus près d'aimer ceux qui nous haïssent, que ceux qui nous aiment plus que nous ne voulons.

* CCCXXII.

Il n'y a que ceux qui sont méprisables qui craignent d'être méprisés.

* CCCXXIII.

Notre sagesse n'est pas moins à la merci de la fortune que nos biens.

CCCXXIV.

Il y a dans la jalousie plus d'amour-propre que d'amour.

CCCXXV.

Nous nous consolons souvent par faiblesse des maux dont la raison n'a pas la force de nous consoler.

* CCCXXVI.

Le ridicule déshonore plus que le déshonneur.

* CCCXXVII.

Nous n'avouons de petits défauts que pour persuader que nous n'en avons pas de grands.

CCCXXVIII.

L'envie est plus irréconciliable que la haine.

CCCXXIX.

On croit quelquefois haïr la flatterie ; mais on ne hait que la manière de flatter.

CCCXXX.

On pardonne tant que l'on aime.

CCCXXXI.

Il est plus difficile d'être fidèle à sa maîtresse quand on est heureux, que quand on en est maltraité.

* CCCXXXII.

Les femmes ne connaissent pas toute leur coquetterie.

CCCXXXIII.

Les femmes n'ont point de sévérité complète sans aversion.

* CCCXXXIV.

Les femmes peuvent moins surmonter leur coquetterie que leur passion.

CCCXXXV.

Dans l'amour, la tromperie va presque toujours plus loin que la méfiance.

* CCCXXXVI.

Il y a une certaine sorte d'amour dont l'excès empêche la jalousie.

CCCXXXVII.

Il est de certaines bonnes qualités comme des sens; ceux qui en sont entièrement privés, ne les peuvent apercevoir ni les comprendre.

* CCCXXXVIII.

Lorsque notre haine est trop vive, elle nous met au-dessous de ceux que nous haïssons.

* CCCXXXIX.

Nous ne ressentons nos biens et nos maux qu'à proportion de notre amour-propre.

CCCXL.

L'esprit de la plupart des femmes sert plus à fortifier leur folie que leur raison.

CCCXLI.

Les passions de la jeunesse ne sont guère plus opposées au salut que la tiédeur des vieilles gens.

* CCCXLII.

L'accent du pays où l'on est né demeure dans l'esprit et dans le cœur comme dans le langage.

* CCCXLIII.

Pour être un grand homme, il faut savoir profiter de toute sa fortune.

CCCXLIV.

La plupart des hommes ont, comme les plantes, des propriétés cachées que le hasard fait découvrir[1].

CCCXLV.

Les occasions nous font connaître aux autres, et encore plus à nous-mêmes.

---

[1] *Var.* Chaque talent dans les hommes, de même que chaque arbre, a ses propriétés et ses effets qui lui sont tous particuliers. (1665 — n° 138.)

* CCCXLVI.

Il ne peut y avoir de règle dans l'esprit ni dans le cœur des femmes, si le tempérament n'en est d'accord.

CCCXLVII.

Nous ne trouvons guère de gens de bon sens que ceux qui sont de notre avis.

* CCCXLVIII.

Quand on aime, on doute souvent de ce que l'on croit le plus.

CCCXLIX.

Le plus grand miracle de l'amour, c'est de guérir de la coquetterie.

CCCL.

Ce qui nous donne tant d'aigreur contre ceux qui nous font des finesses, c'est qu'ils croient être plus habiles que nous.

CCCLI.

On a bien de la peine à rompre quand on ne s'aime plus.

CCCLII.

On s'ennuie presque toujours avec les gens avec qui il n'est pas permis de s'ennuyer.

CCCLIII.

Un honnête homme peut être amoureux comme un fou, mais non pas comme un sot.

CCCLIV.

Il y a de certains défauts qui, bien mis en œuvre, brillent plus que la vertu même.

CCCLV.

On perd quelquefois des personnes qu'on regrette plus qu'on n'en est affligé, et d'autres dont on est affligé, et qu'on ne regrette guère.

* CCCLVI.

Nous ne louons d'ordinaire de bon cœur que ceux qui nous admirent.

CCCLVII.

Les petits esprits sont trop blessés des petites choses ; les grands esprits les voient toutes, et n'en sont point blessés.

CCCLVIII.

L'humilité est la véritable preuve des vertus chrétiennes : sans elle nous conservons tous nos défauts, et ils sont seulement couverts par l'orgueil, qui les cache aux autres et souvent à nous-mêmes.

CCCLIX.

Les infidélités devraient éteindre l'amour, et il ne faudrait point être jaloux quand on a sujet de l'être. Il n'y a que les personnes qui évitent de donner de la jalousie, qui soient dignes qu'on en ait pour elles.

* CCCLX.

On se décrie beaucoup plus auprès de nous par les

moindres infidélités qu'on nous fait, que par les plus grandes qu'on fait aux autres.

CCCLXI.

La jalousie naît toujours avec l'amour; mais elle ne meurt pas toujours avec lui.

CCCLXII.

La plupart des femmes ne pleurent pas tant la mort de leurs amants pour les avoir aimés, que pour paraître plus dignes d'être aimées.

CCCLXIII.

Les violences qu'on nous fait nous font souvent moins de peine que celles que nous nous faisons à nous-mêmes.

CCCLXIV.

On sait assez qu'il ne faut guère parler de sa femme; mais on ne sait pas assez qu'on devrait encore moins parler de soi.

CCCLXV.

Il y a de bonnes qualités qui dégénèrent en défauts, quand elles sont naturelles; et d'autres qui ne sont jamais parfaites, quand elles sont acquises. Il faut, par exemple, que la raison nous fasse ménagers de notre bien et de notre confiance; et il faut au contraire que la nature nous donne la bonté et la valeur.

CCCLXVI.

Quelque défiance que nous ayons de la sincérité de

ceux qui nous parlent, nous croyons toujours qu'ils nous disent plus vrai qu'aux autres.

*CCCLXVII.

Il y a peu d'honnêtes femmes qui ne soient lasses de leur métier.

CCCLXVIII.

La plupart des honnêtes femmes sont des trésors cachés, qui ne sont en sûreté que parce qu'on ne les cherche pas.

CCCLXIX.

Les violences qu'on se fait pour s'empêcher d'aimer, sont souvent plus cruelles que les rigueurs de ce qu'on aime.

CCCLXX.

Il n'y a guère de poltrons qui connaissent toujours toute leur peur.

CCCLXXI.

C'est presque toujours la faute de celui qui aime, de ne pas connaître quand on cesse de l'aimer.

CCCLXXII.

La plupart des jeunes gens croient être naturels, lorsqu'ils ne sont que mal polis et grossiers.

CCCLXXIII.

Il y a de certaines larmes qui nous trompent souvent nous-mêmes, après avoir trompé les autres.

CCCLXXIV.

Si on croit aimer sa maîtresse pour l'amour d'elle, on est bien trompé.

CCCLXXV.

Les esprits médiocres condamnent d'ordinaire tout ce qui passe leur portée.

CCCLXXVI.

L'envie est détruite par la véritable amitié, et la coquetterie par le véritable amour.

CCCLXXVII.

Le plus grand défaut de la pénétration n'est pas de n'aller point jusqu'au but, c'est de le passer.

CCCLXXVIII.

On donne des conseils, mais on n'inspire point de conduite.

CCCLXXIX.

Quand notre mérite baisse, notre goût baisse aussi.

CCCLXXX.

La fortune fait paraître nos vertus et nos vices, comme la lumière fait paraître les objets.

CCCLXXXI.

La violence qu'on se fait pour demeurer fidèle à ce qu'on aime ne vaut guère mieux qu'une infidélité.

CCCLXXXII.

Nos actions sont comme les bouts-rimés, que chacun fait rapporter à ce qu'il lui plaît.

CCCLXXXIII.

L'envie de parler de nous et de faire voir nos défauts du côté que nous voulons bien les montrer, fait une grande partie de notre sincérité.

CCCLXXXIV.

On ne devrait s'étonner que de pouvoir encore s'étonner.

CCCLXXXV.

On est presque également difficile à contenter quand on a beaucoup d'amour, et quand on n'en a plus guère.

CCCLXXXVI.

Il n'y a point de gens qui aient plus souvent tort que ceux qui ne peuvent souffrir d'en avoir.

CCCLXXXVII.

Un sot n'a pas assez d'étoffe pour être bon.

CCCLXXXVIII.

Si la vanité ne renverse pas entièrement les vertus, du moins elle les ébranle toutes.

*CCCLXXXIX.

Ce qui nous rend la vanité des autres insupportable, c'est qu'elle blesse la nôtre.

* CCCXC.

On renonce plus aisément à son intérêt qu'à son goût.

CCCXCI.

La fortune ne paraît jamais si aveugle qu'à ceux à qui elle ne fait pas de bien.

CCCXCII.

Il faut gouverner la fortune comme la santé : en jouir quand elle est bonne, prendre patience quand elle est mauvaise, et ne faire jamais de grands remèdes sans un extrême besoin.

CCCXCIII.

L'air bourgeois se perd quelquefois à l'armée ; mais il ne se perd jamais à la cour.

CCCXCIV.

On peut être plus fin qu'un autre, mais non pas plus fin que tous les autres.

CCCXCV.

On est quelquefois moins malheureux d'être trompé de ce qu'on aime, que d'en être détrompé.

CCCXCVI.

On garde longtemps son premier amant, quand on n'en prend point de second.

CCCXCVII.

Nous n'avons pas le courage de dire en général que nous n'avons point de défauts, et que nos ennemis n'ont point de bonnes qualités ; mais en détail nous ne sommes pas trop éloignés de le croire.

* CCCXCVIII.

De tous nos défauts, celui dont nous demeurons le plus aisément d'accord, c'est de la paresse : nous nous persuadons qu'elle tient à toutes les vertus paisibles, et que, sans détruire entièrement les autres, elle en suspend seulement les fonctions.

CCCXCIX.

Il y a une élévation qui ne dépend point de la fortune : c'est un certain air qui nous distingue, et qui semble nous destiner aux grandes choses ; c'est un prix que nous nous donnons imperceptiblement à nous-mêmes ; c'est par cette qualité que nous usurpons les déférences des autres hommes, et c'est elle d'ordinaire qui nous met plus au-dessus d'eux que la naissance, les dignités et le mérite même.

CCCC.

Il y a du mérite sans élévation, mais il n'y a point d'élévation sans quelque mérite.

CCCCI.

L'élévation est au mérite ce que la parure est aux belles personnes.

CCCCII.

Ce qui se trouve le moins dans la galanterie, c'est de l'amour.

CCCCIII.

La fortune se sert quelquefois de nos défauts pour nous élever ; et il y a des gens incommodes dont le mérite serait mal récompensé si on ne voulait acheter leur absence.

* CCCCIV.

Il semble que la nature ait caché dans le fond de notre esprit des talents et une habileté que nous ne connaissons pas : les passions seules ont le droit de les mettre au jour, et de nous donner quelquefois des vues plus certaines et plus achevées que l'art ne saurait faire.

CCCCV.

Nous arrivons tout nouveaux aux divers âges de la vie, et nous y manquons souvent d'expérience, malgré le nombre des années.

CCCCVI.

Les coquettes se font honneur d'être jalouses de leurs amants, pour cacher qu'elles sont envieuses des autres femmes.

CCCCVII.

Il s'en faut bien que ceux qui s'attrapent à nos finesses ne nous paraissent aussi ridicules que nous nous le paraissons à nous-mêmes, quand les finesses des autres nous ont attrapés.

* CCCCVIII.

Le plus dangereux ridicule des vieilles personnes qui ont été aimables, c'est d'oublier qu'elles ne le sont plus.

CCCCIX.

Nous aurions souvent honte de nos plus belles actions, si le monde voyait tous les motifs qui les produisent.

CCCCX.

Le plus grand effort de l'amitié n'est pas de montrer nos défauts à un ami, c'est de lui faire voir les siens.

CCCCXI.

On n'a guère de défauts qui ne soient plus pardonnables que les moyens dont on se sert pour les cacher.

CCCCXII.

Quelque honte que nous ayons méritée, il est presque toujours en notre pouvoir de rétablir notre réputation.

* CCCCXIII.

On ne plaît pas longtemps, quand on n'a qu'une sorte d'esprit [1].

CCCCXIV.

Les fous et les sottes gens ne voient que par leur humeur.

CCCCXV.

L'esprit nous sert quelquefois hardiment à faire des sottises.

CCCCXVI.

La vivacité qui augmente en vieillissant, ne va pas loin de la folie.

CCCCXVII.

En amour, celui qui est guéri le premier est toujours le mieux guéri.

CCCCXVIII.

Les jeunes femmes qui ne veulent point paraître coquettes, et les hommes d'un âge avancé qui ne veulent pas être ridicules, ne doivent jamais parler

---

[1] *Var.* C'est une grande pauvreté de n'avoir qu'une sorte d'esprit. (*Variante indiquée par Brottier.*)

de l'amour comme d'une chose où ils puissent avoir part.

CCCCXIX.

Nous pouvons paraître grands dans un emploi au-dessous de notre mérite; mais nous paraissons souvent petits dans un emploi plus grand que nous.

CCCCXX.

Nous croyons souvent avoir de la constance dans les malheurs, lorsque nous n'avons que de l'abattement; et nous les souffrons sans oser les regarder, comme les poltrons se laissent tuer, de peur de se défendre.

CCCCXXI.

La confiance fournit plus à la conversation que l'esprit.

CCCCXXII.

Toutes les passions nous font faire des fautes, mais l'amour nous en fait faire de plus ridicules.

CCCCXXIII.

Peu de gens savent être vieux.

CCCCXXIV.

Nous nous faisons honneur des défauts opposés à ceux que nous avons : quand nous sommes faibles, nous nous vantons d'être opiniâtres.

CCCCXXV.

La pénétration a un air de deviner, qui flatte plus notre vanité que toutes les autres qualités de l'esprit.

* CCCCXXVI.

La grâce de la nouveauté et la longue habitude, quelque opposées qu'elles soient, nous empêchent également de sentir les défauts de nos amis.

CCCCXXVII.

La plupart des amis dégoûtent de l'amitié, et la plupart des dévots dégoûtent de la dévotion.

CCCCXXVIII.

Nous pardonnons aisément à nos amis les défauts qui ne nous regardent pas.

CCCCXXIX.

Les femmes qui aiment pardonnent plus aisément les grandes indiscrétions que les petites infidélités.

CCCCXXX.

Dans la vieillesse de l'amour, comme dans celle de l'âge, on vit encore pour les maux, mais on ne vit plus pour les plaisirs.

CCCCXXXI.

Rien n'empêche tant d'être naturel que l'envie de le paraître.

CCCCXXXII.

C'est en quelque sorte se donner part aux belles actions, que de les louer de bon cœur.

CCCCXXXIII.

La plus véritable marque d'être né avec de grandes qualités, c'est d'être né sans envie.

CCCCXXXIV.

Quand nos amis nous ont trompés, on ne doit que de l'indifférence aux marques de leur amitié ; mais on doit toujours de la sensibilité à leurs malheurs.

* CCCCXXXV.

La fortune et l'humeur gouvernent le monde.

* CCCCXXXVI.

Il est plus aisé de connaître l'homme en général, que de connaître un homme en particulier.

* CCCCXXXVII.

On ne doit pas juger du mérite d'un homme par ses grandes qualités, mais par l'usage qu'il en sait faire.

CCCCXXXVIII.

Il y a une certaine reconnaissance vive qui ne nous acquitte pas seulement des bienfaits que nous avons reçus, mais qui fait même que nos amis nous doivent en leur payant ce que nous leur devons.

* CCCCXXXIX.

Nous ne désirerions guère de choses avec ardeur, si nous connaissions parfaitement ce que nous désirons.

CCCCXL.

Ce qui fait que la plupart des femmes sont peu touchées de l'amitié, c'est qu'elle est fade quand on a senti de l'amour.

CCCCXLI.

Dans l'amitié, comme dans l'amour, on est souvent

plus heureux par les choses qu'on ignore que par celles que l'on sait.

CCCCXLII.

Nous essayons de nous faire honneur des défauts que nous ne voulons pas corriger.

CCCCXLIII.

Les passions les plus violentes nous laissent quelquefois du relâche; mais la vanité nous agite toujours.

CCCCXLIV.

Les vieux fous sont plus fous que les jeunes.

CCCCXLV.

La faiblesse est plus opposée à la vertu que le vice.

CCCCXLVI.

Ce qui rend les douleurs de la honte et de la jalousie si aiguës, c'est que la vanité ne peut servir à les supporter.

* CCCCXLVII.

La bienséance est la moindre de toutes les lois, et la plus suivie.

CCCCXLVIII.

Un esprit droit a moins de peine de se soumettre aux esprits de travers, que de les conduire.

CCCCXLIX.

Lorsque la fortune nous surprend en nous donnant une grande place, sans nous y avoir conduits par degrés, ou sans que nous nous y soyons élevés par nos espérances, il est presque impossible de s'y bien soutenir et de paraître digne de l'occuper.

CCCCL.

Notre orgueil s'augmente souvent de ce que nous retranchons de nos autres défauts.

CCCCLI.

Il n'y a point de sots si incommodes que ceux qui ont de l'esprit.

* CCCCLII.

Il n'y a point d'homme qui se croie, en chacune de ses qualités, au-dessous de l'homme du monde qu'il estime le plus.

CCCCLIII.

Dans les grandes affaires, on doit moins s'appliquer à faire naître des occasions, qu'à profiter de celles qui se présentent.

CCCCLIV.

Il n'y a guère d'occasion où l'on fît un méchant marché de renoncer au bien qu'on dit de nous, à condition de n'en dire point de mal.

CCCCLV.

Quelque disposition qu'ait le monde à mal juger, il fait encore plus souvent grâce au faux mérite, qu'il ne fait injustice au véritable.

CCCCLVI.

On est quelquefois un sot avec de l'esprit; mais on ne l'est jamais avec du jugement.

CCCCLVII.

Nous gagnerions plus de nous laisser voir tels que nous sommes, que d'essayer de paraître ce que nous ne sommes pas.

CCCCLVIII.

Nos ennemis approchent plus de la vérité dans les jugements qu'ils font de nous, que nous n'en approchons nous-mêmes.

CCCCLIX.

Il y a plusieurs remèdes qui guérissent de l'amour; mais il n'y en a point d'infaillible.

CCCCLX.

Il s'en faut bien que nous connaissions tout ce que nos passions nous font faire.

* CCCCLXI.

La vieillesse est un tyran qui défend, sur peine de la vie, tous les plaisirs de la jeunesse.

CCCCLXII.

Le même orgueil qui nous fait blâmer les défauts dont nous nous croyons exempts, nous porte à mépriser les bonnes qualités que nous n'avons pas.

CCCCLXIII.

Il y a souvent plus d'orgueil que de bonté à plaindre les malheurs de nos ennemis : c'est pour leur faire sentir que nous sommes au-dessus d'eux que nous leur donnons des marques de compassion.

CCCCLXIV.

Il y a un excès de biens et de maux qui passe notre sensibilité.

CCCCLXV.

Il s'en faut bien que l'innocence trouve autant de protection que le crime.

CCCCLXVI.

De toutes les passions violentes, celle qui sied le moins mal aux femmes, c'est l'amour.

CCCCLXVII.

La vanité nous fait faire plus de choses contre notre goût que la raison.

* CCCCLXVIII.

Il y a des méchantes qualités qui font de grands talents.

CCCCLXIX.

On ne souhaite jamais ardemment ce qu'on ne souhaite que par raison.

* CCCCLXX.

Toutes nos qualités sont incertaines et douteuses, en bien comme en mal; et elles sont presque toutes à la merci des occasions.

* CCCCLXXI.

Dans les premières passions, les femmes aiment l'amant; et dans les autres, elles aiment l'amour.

CCCCLXXII.

L'orgueil a ses bizarreries comme les autres passions : on a honte d'avouer que l'on ait de la jalousie, et on se fait honneur d'en avoir eu et d'être capable d'en avoir.

CCCCLXXIII.

Quelque rare que soit le véritable amour, il l'est encore moins que la véritable amitié.

* CCCCLXXIV.

Il y a peu de femmes dont le mérite dure plus que la beauté.

CCCCLXXV.

L'envie d'être plaint ou d'être admiré fait souvent la plus grande partie de notre confiance.

CCCCLXXVI.

Notre envie dure toujours plus longtemps que le bonheur de ceux que nous envions.

CCCCLXXVII.

La même fermeté qui sert à résister à l'amour sert aussi à le rendre violent et durable; et les personnes faibles, qui sont toujours agitées des passions, n'en sont presque jamais véritablement remplies.

CCCCLXXVIII.

L'imagination ne saurait inventer tant de diverses contrariétés qu'il y en a naturellement dans le cœur de chaque personne.

* CCCCLXXIX.

Il n'y a que les personnes qui ont de la fermeté qui puissent avoir une véritable douceur; celles qui paraissent douces n'ont d'ordinaire que de la faiblesse, qui se convertit aisément en aigreur.

CCCCLXXX.

La timidité est un défaut dont il est dangereux de reprendre les personnes qu'on en veut corriger.

CCCCLXXXI.

Rien n'est plus rare que la véritable bonté; ceux même qui croient en avoir, n'ont d'ordinaire que de la complaisance ou de la faiblesse.

CCCCLXXXII.

L'esprit s'attache, par paresse et par constance, à ce qui lui est facile ou agréable. Cette habitude met toujours des bornes à nos connaissances; et jamais personne ne s'est donné la peine d'étendre et de conduire son esprit aussi loin qu'il pourrait aller.

CCCCLXXXIII.

On est d'ordinaire plus médisant par vanité que par malice.

CCCCLXXXIV.

Quand on a le cœur encore agité par les restes d'une passion, on est plus près d'en prendre une nouvelle que quand on est entièrement guéri.

CCCCLXXXV.

Ceux qui ont eu de grandes passions se trouvent toute leur vie heureux et malheureux d'en être guéris.

CCCCLXXXVI.

Il y a encore plus de gens sans intérêt que sans envie.

CCCCLXXXVII.

Nous avons plus de paresse dans l'esprit que dans le corps.

CCCCLXXXVIII.

Le calme ou l'agitation de notre humeur ne dépend pas tant de ce qui nous arrive de plus considérable dans la vie, que d'un arrangement commode ou désagréable de petites choses qui arrivent tous les jours.

* CCCCLXXXIX.

Quelque méchants que soient les hommes, ils n'oseraient paraître ennemis de la vertu; et lorsqu'ils la veulent persécuter, ils feignent de croire qu'elle est fausse, ou ils lui supposent des crimes.

CCCCXC.

On passe souvent de l'amour à l'ambition; mais on ne revient guère de l'ambition à l'amour.

* CCCCXCI.

L'extrême avarice se méprend presque toujours; il n'y a point de passion qui s'éloigne plus souvent de son but, ni sur qui le présent ait tant de pouvoir, au préjudice de l'avenir.

* CCCCXCII.

L'avarice produit souvent des effets contraires : il

y a un nombre infini de gens qui sacrifient tout leur bien à des espérances douteuses et éloignées; d'autres méprisent de grands avantages à venir pour de petits intérêts présents.

CCCCXCIII.

Il semble que les hommes ne se trouvent pas assez de défauts; ils en augmentent encore le nombre par de certaines qualités singulières dont ils affectent de se parer; et ils les cultivent avec tant de soin, qu'elles deviennent à la fin des défauts naturels qu'il ne dépend plus d'eux de corriger.

CCCCXCIV.

Ce qui fait voir que les hommes connaissent mieux leurs fautes qu'on ne pense, c'est qu'ils n'ont jamais tort quand on les entend parler de leur conduite : le même amour-propre qui les aveugle d'ordinaire les éclaire alors, et leur donne des vues si justes, qu'il leur fait supprimer ou déguiser les moindres choses qui peuvent être condamnées.

* CCCCXCV.

Il faut que les jeunes gens qui entrent dans le monde soient honteux ou étourdis : un air capable et composé se tourne d'ordinaire en impertinence.

CCCCXCVI.

Les querelles ne dureraient pas longtemps, si le tort n'était que d'un côté.

* CCCCXCVII.

Il ne sert de rien d'être jeune sans être belle, ni d'être belle sans être jeune.

CCCCXCVIII.

Il y a des personnes si légères et si frivoles, qu'elles sont aussi éloignées d'avoir de véritables défauts que des qualités solides.

CCCCXCIX.

On ne compte d'ordinaire la première galanterie des femmes que lorsqu'elles en ont une seconde.

D.

Il y a des gens si remplis d'eux-mêmes, que lorsqu'ils sont amoureux, ils trouvent moyen d'être occupés de leur passion, sans l'être de la personne qu'ils aiment.

* DI.

L'amour, tout agréable qu'il est, plaît encore plus par les manières dont il se montre, que par lui-même.

DII.

Peu d'esprit avec de la droiture ennuie moins, à la longue, que beaucoup d'esprit avec du travers.

DIII.

La jalousie est le plus grand de tous les maux, et celui qui fait le moins de pitié aux personnes qui le causent.

* DIV.

Après avoir parlé de la fausseté de tant de vertus

apparentes, il est raisonnable de dire quelque chose de la fausseté du mépris de la mort. J'entends parler de ce mépris de la mort que les païens se vantent de tirer de leurs propres forces, sans l'espérance d'une meilleure vie. Il y a différence entre souffrir la mort constamment, et la mépriser. Le premier est assez ordinaire ; mais je crois que l'autre n'est jamais sincère. On a écrit néanmoins tout ce qui peut le plus persuader que la mort n'est point un mal ; et les hommes les plus faibles, aussi bien que les héros, ont donné mille exemples célèbres pour établir cette opinion. Cependant je doute que personne de bon sens l'ait jamais cru ; et la peine que l'on prend pour le persuader aux autres et à soi-même, fait assez voir que cette entreprise n'est pas aisée. On peut avoir divers sujets de dégoût dans la vie ; mais on n'a jamais raison de mépriser la mort. Ceux même qui se la donnent volontairement, ne la comptent pas pour si peu de chose ; et ils s'en étonnent et la rejettent comme les autres, lorsqu'elle vient à eux par une autre voie que celle qu'ils ont choisie. L'inégalité que l'on remarque dans le courage d'un nombre infini de vaillants hommes, vient de ce que la mort se découvre différemment à leur imagination, et y paraît plus présente en un temps qu'en un autre. Ainsi il arrive qu'après avoir méprisé ce qu'ils ne connaissent pas, ils craignent enfin ce qu'ils connaissent. Il faut éviter de l'envisager avec toutes ses circonstances, si on ne veut pas croire qu'elle soit le plus grand de tous les maux. Les plus habiles et les plus braves sont ceux qui prennent de plus honnêtes prétextes pour s'empêcher de la considérer : mais tout homme qui la sait voir telle qu'elle est trouve que c'est une chose épouvantable. La nécessité de mourir faisait toute la constance des philosophes. Ils croyaient qu'il fallait aller de bonne grâce où l'on ne saurait s'empêcher d'aller; et, ne pouvant éterniser leur vie, il n'y avait rien qu'ils ne fissent pour éterniser leur réputation, et sauver du naufrage ce qui en peut être garanti. Contentons-nous, pour faire bonne mine, de ne nous pas dire à nous-mêmes tout ce que nous en pensons, et espérons plus de notre tempérament que de ces faibles raisonnements, qui nous font croire que nous pouvons approcher de la mort avec indifférence. La gloire de mourir avec fermeté, l'espérance d'être regretté, le désir de laisser une belle réputation, l'assurance d'être affranchi des misères de la vie, et de ne dépendre plus des caprices de la fortune, sont des remèdes qu'on ne doit pas rejeter. Mais on ne doit pas croire aussi qu'ils soient infaillibles. Ils font, pour nous assurer, ce qu'une simple haie fait souvent à la guerre pour assurer ceux qui doivent approcher d'un lieu d'où l'on tire. Quand on en est éloigné, on s'imagine qu'elle peut mettre à couvert; mais quand on en est proche, on trouve que c'est un faible secours. C'est nous flatter, de croire que la mort nous paraisse de près ce que nous en avons jugé de loin, et que nos sentiments, qui ne sont que faiblesse, soient d'une trempe assez forte pour ne point souffrir d'atteinte par la plus rude de toutes les épreuves. C'est aussi mal connaître les effets de l'amour-propre, que de penser qu'il puisse nous aider à compter pour rien ce qui le doit nécessairement détruire; et la raison, dans laquelle on croit trouver tant de ressources, est trop faible en cette rencontre pour nous persuader ce que nous voulons. C'est elle au contraire qui nous trahit le plus souvent, et qui, au lieu de nous inspirer le mépris de la mort, sert à nous découvrir ce qu'elle a d'affreux et de terrible. Tout ce qu'elle peut faire pour nous, est de nous conseiller d'en détourner les yeux pour les arrêter sur d'autres objets. Caton et Brutus en choisirent d'illustres. Un laquais se contenta, il y a quelque temps, de danser sur l'échafaud où il allait être roué. Ainsi, bien que les motifs soient différents, ils produisent les mêmes effets; de sorte qu'il est vrai que, quelque disproportion qu'il y ait entre les grands hommes et les gens du commun, on a vu mille fois les uns et les autres recevoir la mort d'un même visage; mais ç'a toujours été avec cette différence que dans le mépris, que les grands hommes font paraître pour la mort, c'est l'amour de la gloire qui leur en ôte la vue; et dans les gens du commun, ce n'est qu'un effet de leur peu de lumières qui les empêche de connaître la grandeur de leur mal, et leur laisse la liberté de penser à autre chose.

PREMIER SUPPLÉMENT.

PENSÉES

SUPPRIMÉES PAR L'AUTEUR,

AVEC LA DATE DES ÉDITIONS.

AVIS DE L'ÉDITEUR.

La Rochefoucauld avait inséré dans les premières éditions plusieurs Maximes qu'il a successivement rejetées. Brottier en a compté cent vingt et une; mais des recherches exactes nous ont appris que les n°s 6, 49, 58, 59, 74, 75, 77, 85, 96, 118 et 121 des *Pensées*, rangées par Brottier sous le titre de *premières Pensées*, sont la répétition de celles comprises sous les n°s 18, 31, 162, 177, 178, 223, 228, 265, 271 et 284 des *Réflexions morales*, et qui par conséquent doivent être supprimées, pour éviter un double emploi. Les autres Pensées que Brottier a placées sous le même titre, et qu'on ne retrouve point ici, ne sont que des Variantes. On les trouvera au bas du texte : les Maximes rejetées par La Rochefoucauld se réduisent à soixante-quatre.

Nous reproduisons ici les deux Avis au Lecteur des éditions 1665 et 1666, et qui ont été supprimés dans toutes les éditions publiées après la mort de l'auteur. Une Lettre de La Rochefoucauld à madame de Sablé semble prouver qu'il avait lui-même rédigé au moins une de ces Préfaces. Voici cette Lettre : « Je vous envoie une
« manière de Préface pour les Maximes ; mais comme je la dois
« rendre dans deux heures, je vous supplie très-humblement, Ma-
« dame, de me la renvoyer par le même laquais qui vous porte ce
« billet. Je vous demande aussi de me dire ce que vous en trou-
« vez. »

AVIS AU LECTEUR,

DE L'ÉDITION DE 1665.

Voici un portrait du cœur de l'homme que je donne au public, sous le nom de *Réflexions* ou *Maximes morales*. Il court fortune de ne plaire pas à tout le monde, parce qu'on trouvera peut-être qu'il ressemble trop, et qu'il ne flatte pas assez. Il y a apparence que l'intention du peintre n'a jamais été de faire paraître cet ouvrage, et qu'il serait encore renfermé dans son cabinet, si une méchante copie qui en a couru et qui a passé même depuis quelque temps en Hollande, n'avait obligé un de ses amis de m'en donner une autre, qu'il dit être tout à fait conforme à l'original; mais, toute correcte qu'elle est possible, n'évitera-t-elle pas la censure de certaines personnes qui ne peuvent souffrir que l'on se mêle de pénétrer dans le fond de leur cœur, et qui croient être en droit d'empêcher que les autres les connaissent, parce qu'elles ne veulent pas se connaître elles-mêmes. Il est vrai que, comme ces Maximes sont remplies de ces sortes de vérités dont l'orgueil humain ne se peut accommoder, il est presque impossible qu'il ne se soulève contre elles, et qu'elles ne s'attirent des censeurs. Aussi, est-ce pour eux que je mets ici une *Lettre* que l'on m'a donnée, qui a été faite depuis que le manuscrit a paru, et dans le temps que chacun se mêlait d'en dire son avis; elle m'a semblé assez propre pour répondre aux principales difficultés que l'on peut opposer aux *Réflexions*, et pour expliquer les sentiments de leur auteur : elle suffit pour faire voir que ce qu'elles contiennent n'est autre chose que l'abrégé d'une morale conforme aux pensées de plusieurs Pères de l'Église, et que celui qui les a écrites a eu beaucoup de raison de croire qu'il ne pouvait s'égarer en suivant de si bons guides, et qu'il lui était permis de parler de l'homme comme les

Pères en ont parlé ; mais si le respect qui leur est dû n'est pas capable de retenir le chagrin des critiques, s'ils ne font point de scrupule de condamner l'opinion de ces grands hommes en condamnant ce livre, je prie le lecteur de ne les pas imiter, de ne laisser point entraîner son esprit au premier mouvement de son cœur, et de donner ordre, s'il est possible, que l'amour-propre ne se mêle point dans le jugement qu'il en fera ; car s'il le consulte, il ne faut pas s'attendre qu'il puisse être favorable à ces Maximes : comme elles traitent l'amour-propre de corrupteur de la raison, il ne manquera pas de prévenir l'esprit contre elles. Il faut donc prendre garde que cette prévention ne les justifie, et se persuader qu'il n'y a rien de plus propre à établir la vérité de ces Réflexions que la chaleur et la subtilité que l'on témoignera pour les combattre. En effet, il sera difficile de faire croire à tout homme de bon sens que l'on les condamne par d'autre motif que par celui de l'intérêt caché, de l'orgueil et de l'amour-propre. En un mot, le meilleur parti que le lecteur ait à prendre, est de se mettre d'abord dans l'esprit qu'il n'y a aucune de ces Maximes qui le regarde en particulier, et qu'il en est seul excepté, bien qu'elles paraissent générales. Après cela, je lui réponds qu'il sera le premier à y souscrire, et qu'il croira qu'elles font encore grâce au cœur humain. Voilà ce que j'avais à dire sur cet écrit en général : pour ce qui est de la méthode que l'on y eût pu observer, je crois qu'il eût été à désirer que chaque Maxime eût eu un titre du sujet qu'elle traite, et qu'elles eussent été mises dans un plus grand ordre ; mais je ne l'ai pu faire sans renverser entièrement celui de la copie qu'on m'a donnée ; et comme il y a plusieurs Maximes sur une même matière, ceux à qui j'en ai demandé avis ont jugé qu'il était plus expédient de faire une Table, à laquelle on aura recours pour trouver celles qui traitent d'une même chose.

AVIS AU LECTEUR,

DE L'ÉDITION DE 1666.

Mon cher Lecteur,

Voici une seconde édition des *Réflexions morales*, que vous trouverez sans doute plus correcte et plus exacte en toutes façons que n'a été la première. Ainsi, vous pouvez maintenant en faire tel jugement que vous voudrez sans que je me mette en peine de tâcher à vous prévenir en leur faveur, puisque, si elles sont telles que je le crois, on ne pourrait leur faire plus de tort que de se persuader qu'elles eussent besoin d'apologie. Je me contenterai de vous avertir de deux choses : l'une, que, par le mot d'intérêt, on n'entend pas toujours un intérêt de bien, mais le plus souvent un intérêt d'honneur ou de gloire; et l'autre, qui est la principale et comme le fondement de toutes ces Réflexions, est que celui qui les a faites n'a considéré les hommes que dans cet état déplorable de la nature corrompue par le péché; et qu'ainsi la manière dont il parle de ce nombre infini de défauts qui se rencontrent dans leurs vertus apparentes, ne regarde point ceux que Dieu en préserve par une grâce particulière.

Pour ce qui est de l'ordre de ces Réflexions, vous n'aurez pas peine à juger, mon cher lecteur, que comme elles sont toutes sur des matières différentes, il était difficile d'y en observer. Et bien qu'il y en ait plusieurs sur un même sujet, on n'a pas cru les devoir mettre de suite, de crainte d'ennuyer le lecteur; mais on les trouvera dans la Table.

PENSÉES

TIRÉES DES PREMIÈRES ÉDITIONS,

ET REPLACÉES DANS L'ORDRE OÙ ELLES S'Y TROUVENT.

1.

L'amour-propre est l'amour de soi-même et de toutes choses pour soi; il rend les hommes idolâtres d'eux-mêmes, et les rendrait les tyrans des autres, si la fortune leur en donnait les moyens : il ne se repose jamais hors de soi, et ne s'arrête dans les sujets étrangers que comme les abeilles sur les fleurs, pour en tirer ce qui lui est propre. Rien n'est si impétueux que ses désirs, rien de si caché que ses desseins, rien de si habile que ses conduites : ses souplesses ne se peuvent représenter, ses transformations passent celles des métamorphoses, et ses raffinements ceux de la chimie. On ne peut sonder la profondeur, ni percer les ténèbres de ses abîmes. Là, il est à couvert des yeux les plus pénétrants, il y fait mille insensibles tours et retours. Là, il est souvent invisible à lui-même, il y conçoit, il y nourrit et il y élève, sans le savoir, un grand nombre d'affections et de haines; il en forme de si monstrueuses, que lorsqu'il les a mises au jour, il les méconnaît, ou il ne peut se résoudre à les avouer. De cette nuit qui le couvre, naissent les ridicules persuasions qu'il a de lui-même ; de là viennent ses erreurs, ses ignorances, ses grossièretés et ses niaiseries sur son sujet ; de là vient qu'il croit que ses sentiments sont morts lorsqu'ils ne sont qu'endormis ; qu'il s'imagine n'avoir plus envie de courir dès qu'il se repose, et qu'il pense avoir perdu tous les goûts qu'il a rassasiés : mais cette obscurité épaisse qui le cache à lui-même, n'empêche pas qu'il ne voie parfaitement ce qui est hors de lui ; en quoi il est semblable à nos yeux qui découvrent tout, et sont aveugles seulement pour eux-mêmes. En effet, dans ses plus grands intérêts et dans ses plus importantes affaires où la violence de ses souhaits appelle toute son attention, il voit, il sent, il entend, il imagine, il soupçonne, il pénètre, il devine tout ; de sorte qu'on est tenté de croire que chacune de ses passions a une espèce de magie qui lui est propre. Rien n'est si intime et si fort que ses attachements qu'il essaye de rompre inutilement à la vue des malheurs extrêmes qui le menacent. Cependant il fait quelquefois en peu de temps, et sans aucun effort, ce qu'il n'a pu faire avec tous ceux dont il est capable dans le cours de plusieurs années ; d'où l'on pourrait conclure assez vraisemblablement que c'est par lui-même que ses désirs sont allumés, plutôt que par la beauté et par le mérite de ses objets ; que son goût est le prix qui les relève, et le fard qui les embellit ; que c'est après lui-même qu'il court, et qu'il suit son gré lorsqu'il suit les choses qui sont à son gré. Il est tous les contraires, il est impérieux et obéissant, sincère et dissimulé, miséricordieux et cruel, timide et audacieux : il a de différentes inclinations, selon la diversité des tempéraments qui le tournent et le dévouent tantôt à la gloire, tantôt aux richesses, et tantôt aux plaisirs. Il en change selon le changement de nos âges, de nos fortunes et de nos expériences ; mais il lui est indifférent d'en avoir plusieurs ou de n'en avoir qu'une, parce qu'il se partage en plusieurs, et se ramasse en une quand il le faut, et comme il lui plaît. Il est inconstant, et outre les changements qui viennent des causes étrangères, il y en a une infinité qui naissent de lui et de son propre fonds. Il est inconstant d'inconstance, de légèreté, d'amour, de nouveauté, de lassitude et de dégoût. Il est capricieux, et on le voit quelquefois travailler avec le dernier empressement et avec des travaux incroyables à obtenir des choses qui ne lui sont point avantageuses, et qui même lui sont nuisibles, mais qu'il poursuit parce qu'il les veut. Il est bizarre, et met souvent toute son application dans les emplois les plus frivoles ; il trouve tout son plaisir dans les plus fades, et conserve toute sa fierté dans les plus méprisables. Il est dans tous les états de la vie et dans toutes les conditions ; il vit partout, et il vit de tout ; il vit de rien, il s'accommode des choses et de leur privation ; il passe même dans le parti des gens qui lui font la guerre ; il entre dans leurs desseins, et, ce qui est admirable, il se hait lui-même avec eux, il conjure sa perte, il travaille lui-même à sa ruine ; enfin il ne se soucie que d'être, et pourvu qu'il soit, il veut bien être son ennemi. Il ne faut donc pas s'étonner s'il se joint quelquefois à la plus rude austérité, et s'il entre si hardiment en société avec elle pour se détruire, parce que, dans le même temps qu'il se ruine en un endroit, il se rétablit en un autre. Quand on pense qu'il quitte son plaisir, il ne fait que le suspendre ou le changer ; et lors même qu'il est vaincu et qu'on croit en être défait, on le retrouve qui triomphe dans sa propre défaite. Voilà la peinture de l'amour-propre, dont toute la vie n'est qu'une grande et longue agitation. La mer en est une image sensible ; et l'amour-propre trouve dans le flux et le reflux de ses vagues continuelles une fidèle expression de la succession turbulente de ses pensées et de ses éternels mouvements. (1665 — n° 1.)

II.

Toutes les passions ne sont autre chose que les divers degrés de la chaleur et de la froideur du sang. (1665 — n° 13.)

III.

La modération dans la bonne fortune n'est que l'appréhension de la honte qui suit l'emportement, ou la peur de perdre ce que l'on a. (1665 — n° 18.)

IV.

La modération est comme la sobriété ; on voudrait bien manger davantage, mais on craint de se faire mal. (1665 — n° 21.)

V.

Tout le monde trouve à redire en autrui ce qu'on trouve à redire en lui. (1665 — n 33.)

VI.

L'orgueil, comme lassé de ses artifices et de ses différentes métamorphoses, après avoir joué tout seul les personnages de la comédie humaine, se montre avec un visage naturel, et se découvre par la fierté ; de sorte qu'à proprement parler, la fierté est l'éclat et la déclaration de l'orgueil. (1665 — n° 37.)

VII.

C'est une espèce de bonheur de connaître jusques à quel point on doit être malheureux. (1665 — n° 53.)

VIII.

Quand on ne trouve pas son repos en soi-même, il est inutile de le chercher ailleurs. (1665 — n° 55.)

IX.

Il faudrait pouvoir répondre de sa fortune, pour pouvoir répondre de ce que l'on fera. (1665 — n° 70.)

x.

L'amour est à l'âme de celui qui aime, ce que l'âme est au corps qu'elle anime. (1665 — n° 77.)

xi.

Comme on n'est jamais en liberté d'aimer, ou de cesser d'aimer, l'amant ne peut se plaindre avec justice de l'inconstance de sa maîtresse, ni elle de la légèreté de son amant. (1665 — n 81.)

xii.

La justice dans les juges qui sont modérés, n'est que l'amour de leur élévation. (1665 — n° 89.)

xiii.

Quand nous sommes las d'aimer, nous sommes bien aises que l'on devienne infidèle, pour nous dégager de notre fidélité[1]. (1665 — n° 85.)

xiv.

Le premier mouvement de joie que nous avons du bonheur de nos amis, ne vient ni de la bonté de notre naturel, ni de l'amitié que nous avons pour eux; c'est un effet de l'amour-propre qui nous flatte de l'espérance d'être heureux à notre tour, ou de retirer quelque utilité de leur bonne fortune. (1665 — n° 97.)

---

[1] On lit dans les éditions de Brottier et de M. de Fortia : *pour nous dégager de notre infidélité.* Cependant les éditions de 1666, 1671 et 1675, dans lesquelles on retrouve encore cette pensée, sont conformes à celle de 1665.

XV.

Dans l'adversité de nos meilleurs amis, nous trouvons toujours quelque chose qui ne nous déplaît pas. (1665 — n° 99.)

XVI.

Comment prétendons-nous qu'un autre garde notre secret, si nous n'avons pas pu le garder nous-mêmes? (1665 — n° 100.)

XVII.

Comme si ce n'était pas assez à l'amour-propre d'avoir la vertu de se transformer lui-même, il a encore celle de transformer les objets, ce qu'il fait d'une manière fort étonnante ; car non-seulement il les déguise si bien qu'il y est lui-même trompé, mais il change aussi l'état et la nature des choses. En effet, lorsqu'une personne nous est contraire et qu'elle tourne sa haine et sa persécution contre nous, c'est avec toute la sévérité de la justice que l'amour-propre juge de ses actions : il donne à ses défauts une étendue qui les rend énormes, et il met ses bonnes qualités dans un jour si désavantageux qu'elles deviennent plus dégoûtantes que ses défauts. Cependant dès que cette même personne nous devient favorable, ou que quelqu'un de nos intérêts la réconcilie avec nous, notre seule satisfaction rend aussitôt à son mérite le lustre que notre aversion venait de lui ôter. Les mauvaises qualités s'effacent, et les bonnes paraissent avec plus d'avantage qu'auparavant; nous rappelons même toute notre indulgence pour la forcer à justifier la guerre qu'elle nous a faite. Quoique toutes les passions montrent cette vérité, l'amour la fait voir plus clairement que les autres; car nous voyons un amoureux agité de la rage où l'a mis l'oubli ou l'infidélité de ce qu'il aime, méditer pour sa vengeance tout ce que cette passion inspire de plus violent. Néanmoins, aussitôt que sa vue a calmé la fureur de ses mouvements, son ravissement rend cette beauté innocente; il n'accuse plus que lui-même, il condamne ses condamnations; et par cette vertu miraculeuse de l'amour-propre, il ôte la noirceur aux mauvaises actions de sa maîtresse, et en sépare le crime pour s'en charger lui-même.

XVIII.

Il n'y en a point qui pressent tant les autres que les paresseux lorsqu'ils ont satisfait à leur paresse, afin de paraître diligents. (1666 — n° 91.)

XIX.

L'aveuglement des hommes est le plus dangereux effet de leur orgueil : il sert à le nourrir et à l'augmenter, et nous ôte la connaissance des remèdes qui pourraient soulager nos misères et nous guérir de nos défauts. (1665 — n° 102.)

XX.

On n'a plus de raison, quand on n'espère plus d'en trouver aux autres. (1665 — n° 103.)

SUPPLÉMENT.

XXI.

Les philosophes, et Sénèque sur tous, n'ont point ôté les crimes par leurs préceptes; ils n'ont fait que les employer au bâtiment de l'orgueil. (1665 — n° 105.)

XXII.

C'est une preuve de peu d'amitié de ne s'apercevoir pas du refroidissement de celle de nos amis. (1666 — n° 97.)

XXIII.

Les plus sages le sont dans les choses indifférentes, mais ils ne le sont presque jamais dans leurs plus sérieuses affaires. (1665 — n° 132.)

XXIV.

La plus subtile folie se fait de la plus subtile sagesse. (1665 — n° 134.)

XXV.

La sobriété est l'amour de la santé, ou l'impuissance de manger beaucoup. (1665 — n° 135.)

XXVI.

On n'oublie jamais mieux les choses que quand on s'est lassé d'en parler. (1665 — n° 144.)

XXVII.

La louange qu'on nous donne sert au moins à nous fixer dans la pratique des vertus. (1665 — n° 155.)

XXVIII.

L'amour-propre empêche bien que celui qui nous

flatte ne soit jamais celui qui nous flatte le plus. (1665 — n° 157.)

XXIX.

On ne blâme le vice, et on ne loue la vertu que par intérêt. (1665 — n° 151.)

XXX.

On ne fait point de distinction dans les espèces de colère, bien qu'il y en ait une légère et quasi innocente, qui vient de l'ardeur de la complexion, et une autre très-criminelle, qui est à proprement parler la fureur de l'orgueil. (1665 — n° 159.)

XXXI.

Les grandes âmes ne sont pas celles qui ont moins de passions et plus de vertus que les âmes communes, mais celles seulement qui ont de plus grands desseins. (1665 — n° 161.)

XXXII.

Les rois font des hommes comme des pièces de monnaie; ils les font valoir ce qu'ils veulent, et l'on est forcé de les recevoir selon leur cours, et non pas selon leur véritable prix. (1665 — n° 165.)

XXXIII.

La férocité naturelle fait moins de cruels que l'amour-propre. (1665 — n° 174.)

XXXIV.

On peut dire de toutes nos vertus, ce qu'un poëte italien a dit de l'honnêteté des femmes, que ce n'est

souvent autre chose qu'un art de paraître honnête.
(1665 — n° 176.)

XXXV.

Il y a des crimes qui deviennent innocents et même
glorieux par leur éclat, leur nombre et leur excès;
de là vient que les voleries publiques sont des habiletés, et que prendre des provinces injustement, s'appelle faire des conquêtes. (1665 — n° 192.)

XXXVI.

On ne trouve point dans l'homme le bien ni le mal
dans l'excès. (1665 — n° 201.)

XXXVII.

Ceux qui sont incapables de commettre de grands
crimes n'en soupçonnent pas facilement les autres.
(1665 — n° 208.)

XXXVIII.

La pompe des enterrements regarde plus la vanité
des vivants que l'honneur des morts. (1665 — n° 213.)

XXXIX.

Quelque incertitude et quelque variété qui paraisse dans le monde, on y remarque néanmoins un
certain enchaînement secret, et un ordre réglé de tout
temps par la Providence, qui fait que chaque chose
marche en son rang, et suit le cours de sa destinée.
(1665 — n° 225.)

XL.

L'intrépidité doit soutenir le cœur dans les conjurations, au lieu que la seule valeur lui fournit toute la fermeté qui lui est nécessaire dans les périls de la guerre. (1665 — n° 231.)

XLI.

Ceux qui voudraient définir la victoire par sa naissance, seraient tentés, comme les poëtes, de l'appeler la fille du ciel, puisqu'on ne trouve point son origine sur la terre. En effet, elle est reproduite par une infinité d'actions, qui, au lieu de l'avoir pour but, regardent seulement les intérêts particuliers de ceux qui les font; puisque tous ceux qui composent une armée, allant à leur propre gloire et à leur élévation, procurent un bien si grand et si général. (1665 — n° 232.)

XLII.

On ne peut répondre de son courage, quand on n'a jamais été dans le péril. (1665 — n° 236.)

XLIII.

On donne plus souvent des bornes à sa reconnaissance qu'à ses désirs et à ses espérances. (1665 — n° 241.)

XLIV.

L'imitation est toujours malheureuse, et tout ce qui est contrefait déplaît avec les mêmes choses qui charment lorsqu'elles sont naturelles. (1665 — n° 245.)

XLV.

Nous ne regrettons pas la perte de nos amis selon leur mérite, mais selon nos besoins et selon l'opinion que nous croyons leur avoir donnée de ce que nous valons. (1665 — n° 248.)

XLVI.

Il est bien malaisé de distinguer la bonté générale et répandue sur tout le monde, de la grande habileté. (1665 — n° 252.)

XLVII.

Pour pouvoir être toujours bon, il faut que les autres croient qu'ils ne peuvent jamais nous être impunément méchants. (1665 — n° 254.)

XLVIII.

La confiance de plaire est souvent un moyen de déplaire infailliblement. (1665 — n° 256.)

XLIX.

La confiance que l'on a en soi fait naître la plus grande partie de celle que l'on a aux autres. (1665 — n° 258.

L.

Il y a une révolution générale qui change le goût des esprits, aussi bien que les fortunes du monde. (1665 — n° 259.)

LI.

La vérité est le fondement et la raison de la perfection et de la beauté; une chose, de quelque nature qu'elle soit, ne saurait être belle et parfaite, si elle n'est véritablement tout ce qu'elle doit être, et si elle n'a tout ce qu'elle doit avoir. (1665 — n° 260.)

LI BIS.

Il y a de belles choses qui ont plus d'éclat quand elles demeurent imparfaites, que quand elles sont trop achevées. (1665 — n° 262.)

LII.

La magnanimité est un noble effort de l'orgueil par lequel il rend l'homme maître de lui-même, pour le rendre maître de toutes choses. (1665 — n° 271.)

LIII.

Le luxe et la trop grande politesse dans les États sont le présage assuré de leur décadence, parce que tous les particuliers s'attachant à leurs intérêts propres, ils se détournent du bien public. (1665 — n° 282.)

LIV.

De toutes les passions celle qui est la plus inconnue à nous-mêmes, c'est la paresse; elle est la plus ardente et la plus maligne de toutes, quoique sa violence soit insensible, et que les dommages qu'elle cause soient très-cachés : si nous considérons attentivement son pouvoir, nous verrons qu'elle se rend en toutes rencontres maîtresse de nos sentiments, de nos intérêts et de nos plaisirs : c'est la rémore qui a la force d'arrêter les plus grands vaisseaux, c'est une bonace plus dangereuse aux plus importantes affaires que les écueils et que les plus grandes tempêtes. Le repos de la paresse est un charme secret de l'âme qui suspend soudainement les plus ardentes poursuites, et les plus opiniâtres résolutions. Pour donner enfin la véritable idée de cette passion, il faut dire que la paresse est comme une béatitude de l'âme qui la console de toutes ses pertes, et qui lui tient lieu de tous les biens. (1665 — n° 290.)

LV.

On aime bien à deviner les autres, mais l'on n'aime pas à être deviné. (1665 — n° 296.)

LVI.

C'est une ennuyeuse maladie que de conserver sa santé par un trop grand régime. (1665 — n° 298.)

LVII.

Il est plus facile de prendre de l'amour quand on n'en a pas, que de s'en défaire quand on en a. (1665 — n° 300.)

LVIII.

La plupart des femmes se rendent plutôt par faiblesse que par passion. De là vient que, pour l'ordinaire, les hommes entreprenants réussissent mieux que les autres, quoiqu'ils ne soient pas plus aimables. (1665 — n° 301.)

LIX.

N'aimer guère en amour, est un moyen assuré pour être aimé. (1665 — n° 302.)

LX.

La sincérité que se demandent les amants et les

maîtresses pour savoir l'un et l'autre quand ils cesseront de s'aimer, est bien moins pour vouloir être avertis quand on ne les aimera plus, que pour être mieux assurés qu'on les aime lorsque l'on ne dit point le contraire. (1665 — n° 303.)

LXI.

La plus juste comparaison qu'on puisse faire de l'amour, c'est celle de la fièvre; nous n'avons non plus de pouvoir sur l'un que sur l'autre, soit pour sa violence ou pour sa durée. (1665 — n° 305.)

LXII.

La plus grande habileté des moins habiles est de savoir se soumettre à la bonne conduite d'autrui. (1665 — n° 309.)

LXIII.

On craint toujours de voir ce qu'on aime, quand on vient de faire des coquetteries ailleurs. (1675 — n° 372.)

LXIV.

On doit se consoler de ses fautes, quand on a la force de les avouer. (1675 — n° 375.)

SECOND SUPPLÉMENT.

PENSÉES

TIRÉES DES LETTRES MANUSCRITES

QUI SE TROUVENT A LA BIBLIOTHÈQUE IMPÉRIALE.

PENSÉES

TIRÉES DES LETTRES MANUSCRITES

QUI SE TROUVENT A LA BIBLIOTHÈQUE IMPÉRIALE [1].

1.

L'INTÉRÊT est l'âme de l'amour-propre; de sorte que comme le corps privé de son âme est sans vue, sans ouïe, sans connaissance, sans sentiment et sans mouvement; de même l'amour-propre séparé, s'il le faut dire ainsi, de son intérêt, ne voit, n'entend, ne sent et ne se remue plus : de là vient qu'un même homme qui court la terre et les mers pour son intérêt devient soudainement paralytique pour l'intérêt des autres; de là vient le soudain assoupissement et cette mort que nous causons à tous ceux à qui nous contons nos affaires; de là vient leur prompte résurrection lorsque dans notre narration nous y mêlons quelque chose qui les regarde; de sorte que nous voyons, dans nos conversations et dans nos traités, que dans un même moment un homme perd connais-

[1] Nous avons indiqué les numéros des Maximes auxquelles les Pensées de ce Supplément peuvent servir de variantes.

sance et revient à soi, selon que son propre intérêt s'approche de lui ou qu'il s'en retire.

Lettre à madame de Sablé, manusc. folio 211.

II.

Ce qui fait tant crier contre les maximes qui découvrent le cœur de l'homme, est que l'on craint d'y être découvert. (Maxime 103.)

Manusc. folio 310.

III.

L'espérance et la crainte sont inséparables. (Maxime 168.)

Lettre à madame de Sablé, manusc. folio 222.

IV.

Il est assez ordinaire de hasarder sa vie pour empêcher d'être déshonoré; mais quand cela est fait, on en est assez content pour ne se mettre pas d'ordinaire fort en peine du succès de l'entreprise que l'on veut faire réussir; et il est certain que ceux qui s'exposent et font autant qu'il est nécessaire pour prendre une place que l'on attaque, ou pour conquérir une province, ont plus de mérite, sont meilleurs officiers, et ont de plus grandes et plus utiles vues que ceux qui s'exposent seulement pour mettre leur honneur à couvert; il est fort commun de trouver des gens de la dernière espèce, et fort rare d'en trouver de l'autre. (Maxime 219.)

Lettre à M. Esprit, manusc. folio 173.

Le goût change, mais l'inclination ne change point.
(Maxime 252.)

Lettre à madame de Sablé, manusc. folio 223.

VI.

Le pouvoir que des personnes que nous aimons ont sur nous, est presque toujours plus grand que celui que nous avons nous-mêmes. (Maxime 259.)

Lettre à madame de Sablé, manusc. folio 211.

VII.

Ce qui fait croire si facilement que les autres ont des défauts, c'est la facilité que l'on a de croire ce que l'on souhaite. (Maxime 397.)

Lettre à madame de Sablé, manusc. folio 223.

VIII.

Je sais bien que le bon sens et le bon esprit ennuient à tous les âges, mais les goûts n'y mènent pas toujours, et ce qui serait bien en un temps ne serait pas bien en un autre. Ce qui me fait croire que peu de gens savent être vieux. (Maxime 423.)

Lettre à madame de Sablé, manusc. folio 202.

IX.

Dieu a permis, pour punir l'homme du péché originel, qu'il se fît un bien de son amour-propre pour en être tourmenté dans toutes les actions de sa vie. (Maxime 494.)

Manusc. folio 310.

X.

Il me semble que voilà jusqu'où la philosophie d'un laquais méritait d'aller; je crois que toute gaîté en cet état-là est bien suspecte[1]. (Maxime 504.)

Lettre à madame de Sablé, manusc. folio 161.

[1] La Rochefoucauld cite, dans la 504ᵉ Maxime, le trait d'un laquais qui dansa sur l'échafaud où il allait être roué.

TROISIÈME SUPPLÉMENT.

PENSÉES

TIRÉES DE L'ÉDITION DE 1693.

MAXIMES

TIRÉES DE LA SIXIÈME ÉDITION

DES PENSÉES DE LA ROCHEFOUCAULD.

I[1].

Force gens veulent être dévots; mais personne ne veut être humble.

II.

Le travail du corps délivre des peines de l'esprit, et c'est ce qui rend les pauvres heureux.

III.

Les véritables mortifications sont celles qui ne sont point connues; la vanité rend les autres faciles.

IV.

L'humilité est l'autel sur lequel Dieu veut qu'on lui offre des sacrifices.

---

[1] Les cinquante Maximes suivantes sont tirées de la sixième édition des *Pensées de La Rochefoucauld,* publiée chez Claude Barbin en 1693, plus de douze ans après la mort de l'auteur, arrivée le 17 mai 1680. Elles sont reproduites ici pour la première fois. (*Note de l'édition,* Juin 1844.)

V.

Il faut peu de choses pour rendre le sage heureux ; rien ne peut rendre un fou content : c'est pourquoi presque tous les hommes sont misérables.

VI.

Nous nous tourmentons moins pour devenir heureux, que pour faire croire que nous le sommes.

VII.

Il est bien plus aisé d'éteindre un premier désir que de satisfaire tous ceux qui le suivent.

VIII.

La sagesse est à l'âme ce que la santé est pour le corps.

IX.

Les grands de la terre ne pouvant donner la santé du corps ni le repos d'esprit, on achète toujours trop cher tous les biens qu'ils peuvent faire.

X.

Avant que de désirer fortement une chose, il faut examiner quel est le bonheur de celui qui la possède.

XI.

Un véritable ami est le plus grand de tous les biens, et celui de tous qu'on songe le moins à acquérir.

XII.

Les amants ne voient les défauts de leurs maîtresses, que lorsque leur enchantement est fini.

XIII.

La prudence et l'amour ne sont pas faits l'un pour l'autre ; à mesure que l'amour croît, la prudence diminue.

XIV.

Il est quelquefois agréable à un mari d'avoir une femme jalouse ; il entend toujours parler de ce qu'il aime.

XV.

Qu'une femme est à plaindre quand elle a tout ensemble de l'amour et de la vertu !

XVI.

Le sage trouve mieux son compte à ne point s'engager qu'à vaincre.

XVII.

Il est plus nécessaire d'étudier les hommes que les livres.

XVIII.

Le bonheur ou le malheur vont d'ordinaire à ceux qui ont le plus de l'un ou de l'autre.

XIX.

L'accent et le caractère du pays où l'on est né, demeure dans l'esprit et dans le cœur comme dans le langage.

XX.

La plupart des hommes ont, comme les plantes, des propriétés que le hasard fait découvrir.

XXI.

Une honnête femme est un trésor caché : celui qui l'a trouvée fait fort bien de ne s'en pas vanter.

XXII.

La plupart des femmes ne pleurent pas tant la perte d'un amant pour montrer qu'elles ont aimé, que pour paraître dignes d'être aimées.

XXIII.

Il y a bien d'honnêtes femmes qui sont lasses de leur métier.

XXIV.

Si l'on croit aimer sa maîtresse pour l'amour d'elle, on est souvent trompé.

XXV.

La violence qu'on se fait pour être fidèle ne vaut guère mieux qu'une infidélité.

XXVI.

Il n'y a que les personnes qui évitent de donner de la jalousie, qui méritent qu'on en ait pour elles.

XXVII.

La jalousie naît toujours avec l'amour, mais elle ne meurt pas toujours avec lui.

XXVIII.

Quand nous aimons trop, il est malaisé de reconnaître si l'on cesse de nous aimer.

XXIX.

On sait assez qu'on ne doit guère parler de sa

femme ; mais on ne sait pas assez qu'on ne doit guère parler de soi.

XXX.

Les occasions nous font connaître aux autres et à nous-mêmes.

XXXI.

Nous ne trouvons guère de gens de bon sens que ceux qui sont de notre avis.

XXXII.

Nous ne louons d'ordinaire de bon cœur que ceux qui nous admirent.

XXXIII.

On ne se blâme que pour être loué.

XXXIV.

Les petits esprits sont blessés des plus petites choses.

XXXV.

Il y a de certains défauts qui, étant bien mis dans un certain jour, plaisent plus que la perfection même.

XXXVI.

Ce qui nous donne tant d'aigreur contre ceux qui nous font des finesses, c'est qu'ils croient être plus habiles que nous.

XXXVII.

On s'ennuie presque toujours avec ceux que l'on ennuie.

XXXVIII.

Les violences qu'on nous fait, nous font quelquefois moins de peine que celles que nous nous faisons à nous-mêmes.

XXXIX.

Il n'est jamais plus difficile de bien parler que quand on a honte de se taire.

XL.

Les fautes sont toujours pardonnables quand on a la force de les avouer.

XLI.

Le plus grand défaut de la pénétration n'est pas de ne pas aller au but, c'est de le passer.

XLII.

On donne des conseils, mais on ne donne point la sagesse d'en profiter.

XLIII.

Quand notre mérite baisse, notre goût diminue aussi.

XLIV.

La fortune fait paraître nos vertus et nos vices, comme la lumière fait paraître les objets.

XLV.

Nos actions sont comme des bouts-rimés, que chacun tourne comme il lui plaît.

XLVI.

Il n'est rien de plus naturel ni de plus trompeur, que de croire qu'on est aimé.

XLVII.

Nous aimons mieux voir ceux à qui nous faisons du bien, que ceux qui nous en font.

XLVIII.

Il est plus difficile de dissimuler les sentiments que l'on a, que de feindre ceux que l'on n'a pas.

XLIX.

Les amitiés renouées demandent plus de soins que celles qui n'ont jamais été rompues.

L.

Un homme à qui personne ne plaît est bien plus malheureux que celui qui ne plaît à personne.

RÉFLEXIONS DIVERSES

DU DUC

DE LA ROCHEFOUCAULD[1].

I.

DE LA CONFIANCE.

Bien que la sincérité et la confiance aient du rapport, elles sont néanmoins différentes en plusieurs choses.

La sincérité est une ouverture de cœur qui nous montre tels que nous sommes ; c'est un amour de la vérité, une répugnance à se déguiser, un désir de se dédommager de ses défauts, et de les diminuer même par le mérite de les avouer.

La confiance ne nous laisse pas tant de liberté : ses règles sont plus étroites ; elle demande plus de prudence et de retenue, et nous ne sommes pas toujours libres d'en disposer. Il ne n'agit pas de nous uniquement, et nos intérêts sont mêlés d'ordinaire

---

[1] Les Réflexions suivantes sont tirées d'un *Recueil de pièces d'histoire et de littérature*; Paris, 1731, tome Ier, page 32. Gabriel Brottier est le premier qui les ait insérées à la suite des *Maximes*, dans l'édition qu'il a donnée de cet ouvrage.

avec les intérêts des autres : elle a besoin d'une grande justesse pour ne pas livrer nos amis en nous livrant nous-mêmes, et pour ne pas faire des présents de leur bien, dans la vue d'augmenter le prix de ce que nous donnons.

La confiance plaît toujours à celui qui la reçoit; c'est un tribut que nous payons à son mérite; c'est un dépôt que l'on commet à sa foi; ce sont des gages qui lui donnent un droit sur nous, et une sorte de dépendance où nous nous assujettissons volontairement.

Je ne prétends pas détruire, par ce que je dis, la confiance si nécessaire entre les hommes, puisqu'elle est le lien de la société et de l'amitié. Je prétends seulement y mettre des bornes, et la rendre honnête et fidèle. Je veux qu'elle soit toujours vraie et toujours prudente, et qu'elle n'ait ni faiblesse ni intérêt. Je sais bien qu'il est malaisé de donner de justes limites à la manière de recevoir toute sorte de confiance de nos amis, et de leur faire part de la nôtre.

On se confie le plus souvent par vanité, par envie de parler, par le désir de s'attirer la confiance des autres, et pour faire un échange de secrets.

Il y a des personnes qui peuvent avoir raison de se fier en nous, vers qui nous n'aurions pas raison d'avoir la même conduite; et on s'acquitte avec ceux-ci en leur gardant le secret, et en les payant de légères confidences.

Il y en a d'autres dont la fidélité nous est connue, qui ne ménagent rien avec nous, et à qui on peut se confier par choix et par estime. On doit ne leur rien cacher de ce qui ne regarde que nous ; se montrer à eux toujours vrais dans nos bonnes qualités et dans nos défauts même, sans exagérer les unes et sans diminuer les autres ; se faire une loi de ne leur faire jamais des demi-confidences ; elles embarrassent toujours ceux qui les font, et ne contentent jamais ceux qui les reçoivent. On leur donne des lumières confuses de ce qu'on veut cacher ; on augmente leur curiosité ; on les met en droit de vouloir en savoir davantage, et ils se croient en liberté de disposer de ce qu'ils ont pénétré. Il est plus sûr et plus honnête de ne leur rien dire, que de se taire quand on a commencé à parler. Il y a d'autres règles à suivre pour les choses qui nous ont été confiées ; plus elles sont importantes, et plus la prudence et la fidélité y sont nécessaires.

Tout le monde convient que le secret doit être inviolable ; mais on ne convient pas toujours de la nature et de l'importance du secret. Nous ne consultons le plus souvent que nous-mêmes sur ce que nous devons dire et sur ce que nous devons taire. Il y a peu de secrets de tous les temps, et le scrupule de le révéler ne dure pas toujours.

On a des liaisons étroites avec des amis dont on connaît la fidélité ; ils nous ont toujours parlé sans réserve, et nous avons toujours gardé les mêmes mesures avec eux. Ils savent nos habitudes et nos commerces, et ils nous voient de trop près pour ne pas s'apercevoir du moindre changement. Ils peuvent savoir par ailleurs ce que nous sommes engagés de ne dire jamais à personne. Il n'a pas été en notre pouvoir de les faire entrer dans ce qu'on nous a confié; ils ont peut-être même quelque intérêt de le savoir, on est assuré d'eux comme de soi, et on se voit réduit à la cruelle nécessité de perdre leur amitié, qui nous est précieuse, ou de manquer à la foi du secret. Cet état est sans doute la plus rude épreuve de la fidélité; mais il ne doit pas ébranler un honnête homme : c'est alors qu'il lui est permis de se préférer aux autres. Son premier devoir est de conserver indispensablement ce dépôt en son entier. Il doit non-seulement ménager ses paroles et ses tons, il doit encore ménager ses conjectures, et ne laisser rien voir, dans ses discours ni dans son air, qui puisse tourner l'esprit des autres vers ce qu'il ne veut pas dire.

On a souvent besoin de force et de prudence pour les opposer à la tyrannie de la plupart de nos amis, qui se font un droit sur notre confiance, et qui veulent tout savoir de nous : on ne doit jamais leur laisser établir ce droit sans exception. Il y a des rencontres et des circonstances qui ne sont pas de leur juridiction; s'ils s'en plaignent, on doit souffrir leurs plaintes, et s'en justifier avec douceur : mais s'ils demeurent injustes, on doit sacrifier leur amitié à son devoir, et choisir entre deux maux inévitables, dont l'un se peut réparer, et l'autre est sans remède.

II.

DE LA DIFFÉRENCE DES ESPRITS.

Bien que toutes les qualités de l'esprit se puissent rencontrer dans un grand génie, il y en a néanmoins qui lui sont propres et particulières ; ses lumières n'ont point de bornes, il agit toujours également et avec la même activité ; il discerne les objets éloignés comme s'ils étaient présents ; il comprend, il imagine les plus grandes choses ; il voit et connaît les plus petites ; ses pensées sont relevées, étendues, justes et intelligibles : rien n'échappe à sa pénétration, et elle lui fait souvent découvrir la vérité au travers des obscurités qui la cachent aux autres.

Un bel esprit pense toujours noblement ; il produit avec facilité des choses claires, agréables et naturelles ; il les fait voir dans leur plus beau jour, et il les pare de tous les ornements qui leur conviennent ; il entre dans le goût des autres, et retranche de ses pensées ce qui est inutile, ou ce qui peut déplaire.

Un esprit adroit, facile, insinuant, sait éviter et surmonter les difficultés. Il se plie aisément à ce qu'il veut, il sait connaître l'esprit et l'humeur de ceux avec qui il traite; et en ménageant leurs intérêts, il avance et il établit les siens.

Un bon esprit voit toutes choses comme elles doivent être vues; il leur donne le prix qu'elles méritent, il les fait tourner du côté qui lui est le plus avantageux, et il s'attache avec fermeté à ses pensées, parce qu'il en connaît toute la force et toute la raison.

Il y a de la différence entre un esprit utile et un esprit d'affaires; on peut entendre les affaires, sans s'appliquer à son intérêt particulier : il y a des gens habiles dans tout ce qui ne les regarde pas, et très-mal habiles dans tout ce qui les regarde; et il y en a d'autres au contraire qui ont une habileté bornée à ce qui les touche, et qui savent trouver leur avantage en toutes choses.

On peut avoir tout ensemble un air sérieux dans l'esprit, et dire souvent des choses agréables et enjouées. Cette sorte d'esprit convient à toutes personnes et à tous les âges de la vie. Les jeunes gens ont d'ordinaire l'esprit enjoué et moqueur, sans l'avoir sérieux; et c'est ce qui les rend souvent incommodes.

Rien n'est plus aisé à soutenir que le dessein d'être toujours plaisant; et les applaudissements qu'on reçoit quelquefois, en divertissant les autres, ne valent pas que l'on s'expose à la honte de les ennuyer souvent quand ils sont de méchante humeur.

La moquerie est une des plus agréables et des plus dangereuses qualités de l'esprit. Elle plaît toujours quand elle est délicate, mais on craint aussi toujours ceux qui s'en servent trop souvent. La moquerie peut néanmoins être permise quand elle n'est mêlée d'aucune malignité, et quand on y fait entrer les personnes mêmes dont on parle.

Il est malaisé d'avoir un esprit de raillerie sans affecter d'être plaisant, ou sans aimer à se moquer; il faut une grande justesse pour railler longtemps, sans tomber dans l'une ou l'autre de ces extrémités.

La raillerie est un air de gaieté qui remplit l'imagination, et qui lui fait voir en ridicule les objets qui se présentent : l'humeur y mêle plus ou moins de douceur ou d'âpreté.

Il y a une manière de railler, délicate et flatteuse, qui touche seulement les défauts que les personnes dont on parle veulent bien avouer, qui sait déguiser les louanges qu'on leur donne sous des apparences de blâme, et qui découvre ce qu'elles ont d'aimable, en feignant de le vouloir cacher.

Un esprit fin et un esprit de finesse sont très-différents. Le premier plaît toujours; il est délié, il pense des choses délicates, et voit les plus imperceptibles : un esprit de finesse ne va jamais droit; il cherche des biais et des détours pour faire réussir ses desseins. Cette conduite est bientôt découverte; elle se fait toujours craindre, et ne mène presque jamais aux grandes choses.

Il y a quelque différence entre un esprit de feu et un esprit brillant : un esprit de feu va plus loin et avec plus de rapidité. Un esprit brillant a de la vivacité, de l'agrément, et de la justesse.

La douceur de l'esprit est un air facile et accommodant, et qui plaît toujours quand il n'est point fade.

Un esprit de détail s'applique, avec de l'ordre et de la règle, à toutes les particularités des sujets qu'on lui présente. Cette application le renferme d'ordinaire à de petites choses; elle n'est pas néanmoins toujours incompatible avec de grandes vues; et quand ces deux qualités se trouvent ensemble dans un même esprit, elles l'élèvent infiniment au-dessus des autres.

On a abusé du terme de *bel esprit ;* et bien que tout ce qu'on vient de dire des différentes qualités de l'esprit puisse convenir à un bel esprit, néanmoins, comme ce titre a été donné à un nombre infini de mauvais poëtes et d'auteurs ennuyeux, on s'en sert plus souvent pour tourner les gens en ridicule que pour les louer.

Bien qu'il y ait plusieurs épithètes pour l'esprit, qui paraissent une même chose, le ton et la manière de les prononcer y mettent de la différence : mais comme les tons et les manières ne se peuvent écrire, je n'entrerai point dans un détail qu'il serait impossible de bien expliquer. L'usage ordinaire le fait assez entendre ; et en disant qu'un homme a de l'esprit, qu'il a beaucoup d'esprit, et qu'il a un bon esprit, il n'y a que les tons et les manières qui puissent mettre de la différence entre ces expressions, qui paraissent semblables sur le papier, et qui expriment néanmoins différentes sortes d'esprit.

On dit encore qu'un homme n'a qu'une sorte d'esprit, qu'il a de plusieurs sortes d'esprit, et qu'il a toutes sortes d'esprit.

On peut être sot avec beaucoup d'esprit, et on peut n'être pas sot avec peu d'esprit.

Avoir beaucoup d'esprit est un terme équivoque. Il peut comprendre toutes les sortes d'esprit dont on vient de parler : mais il peut aussi n'en marquer aucune distinctement. On peut quelquefois faire paraître de l'esprit dans ce qu'on dit, sans en avoir dans sa conduite. On peut avoir de l'esprit, et l'avoir borné. Un esprit peut être propre à de certaines choses, et ne l'être pas à d'autres : on peut avoir beaucoup d'esprit, et n'être propre à rien ; et avec beaucoup d'esprit on est souvent fort incommode. Il semble néanmoins que le plus grand mérite de cette sorte d'esprit est de plaire quelquefois dans la conversation.

Bien que les productions d'esprit soient infinies, on peut, ce me semble, les distinguer de cette sorte :

Il y a des choses si belles, que tout le monde est capable d'en voir et d'en sentir la beauté.

Il y en a qui ont de la beauté, et qui ennuient.

Il y en a qui sont belles, et que tout le monde sent, bien que tous n'en sachent pas la raison.

Il y en a qui sont si fines et si délicates, que peu de gens sont capables d'en remarquer toutes les beautés.

Il y en a d'autres qui ne sont pas parfaites, mais qui sont dites avec tant d'art, et qui sont soutenues et conduites avec tant de raison et tant de grâce, qu'elles méritent d'être admirées.

III.

DES GOÛTS.

Il y a des personnes qui ont plus d'esprit que de goût, et d'autres qui ont plus de goût que d'esprit. Il y a plus de variété et de caprice dans le goût que dans l'esprit.

Ce terme de *goût* a diverses significations, et il est aisé de s'y méprendre. Il y a différence entre le goût qui nous porte vers les choses, et le goût qui nous en fait connaître et discerner les qualités en nous attachant aux règles.

On peut aimer la comédie sans avoir le goût assez fin et assez délicat pour en bien juger; et on peut avoir le goût assez bon pour bien juger de la comédie sans l'aimer. Il y a des goûts qui nous approchent imperceptiblement de ce qui se montre à nous, et d'autres nous entraînent par leur force ou par leur durée.

Il y a des gens qui ont le goût faux en tout, d'autres ne l'ont faux qu'en de certaines choses; et ils l'ont droit et juste dans tout ce qui est de leur portée. D'autres ont des goûts particuliers, qu'ils connaissent mauvais, et ne laissent pas de les suivre. Il y en a qui ont le goût incertain; le hasard en décide : ils changent par légèreté, et sont touchés de plaisir ou d'ennui sur la parole de leurs amis. D'autres sont toujours prévenus; ils sont esclaves de tous leurs goûts, et les respectent en toutes choses. Il y en a qui sont sensibles à ce qui est bon, et choqués de ce qui ne l'est pas : leurs vues sont nettes et justes, et ils trouvent la raison de leur goût dans leur esprit et dans leur discernement.

Il y en a qui, par une sorte d'instinct dont ils ignorent la cause, décident de ce qui se présente à eux, et prennent toujours le bon parti. Ceux-ci font paraître plus de goût que d'esprit, parce que leur amour-propre et leur humeur ne prévalent point sur leurs lumières naturelles. Tout agit de concert en eux, tout y est sur un même ton. Cet accord les fait juger sainement des objets, et leur en forme une idée véritable : mais, à parler généralement, il y a peu de gens qui aient le goût fixe et indépendant de celui des autres; ils suivent l'exemple et la coutume, et ils en empruntent presque tout ce qu'ils ont de goût.

Dans toutes ces différences de goûts qu'on vient de marquer, il est très-rare, et presque impossible, de rencontrer cette sorte de bon goût qui sait donner le prix à chaque chose, qui en connaît toute la valeur, et qui se porte généralement sur tout. Nos connaissances sont trop bornées, et cette juste disposition de qualités qui font bien juger ne se maintient d'ordinaire que sur ce qui ne nous regarde pas directement.

Quand il s'agit de nous, notre goût n'a plus cette justesse si nécessaire; la préoccupation la trouble; tout ce qui a du rapport à nous, paraît sous une autre figure. Personne ne voit des mêmes yeux ce qui le touche, et ce qui ne le touche pas. Notre goût n'est conduit alors que par la pente de l'amour-propre et de l'humeur, qui nous fournissent des vues nouvelles, et nous assujettissent à un nombre infini de changements et d'incertitudes. Notre goût n'est plus à nous, nous n'en disposons plus. Il change sans notre consentement; et les mêmes objets nous paraissent par tant de côtés différents, que nous méconnaissons enfin ce que nous avons vu et ce que nous avons senti.

IV.

DE LA SOCIÉTÉ.

Mon dessein n'est pas de parler de l'amitié en parlant

de la société ; bien qu'elles aient quelque rapport, elles sont néanmoins très-différentes : la première a plus d'élévation et d'humilité, et le plus grand mérite de l'autre est de lui ressembler.

Je ne parlerai donc présentement que du commerce particulier que les honnêtes gens doivent avoir ensemble. Il serait inutile de dire combien la société est nécessaire aux hommes ; tous la désirent, et tous la cherchent : mais peu se servent des moyens de la rendre agréable et de la faire durer.

Chacun veut trouver son plaisir et ses avantages aux dépens des autres. On se préfère toujours à ceux avec qui on se propose de vivre, et on leur fait presque toujours sentir cette préférence ; c'est ce qui trouble et ce qui détruit la société. Il faudrait du moins savoir cacher ce désir de préférence, puisqu'il est trop naturel en nous pour nous en pouvoir défaire. Il faudrait faire son plaisir de celui des autres, ménager leur amour-propre, et ne le blesser jamais.

L'esprit a beaucoup de part à un si grand ouvrage ; mais il ne suffit pas seul pour nous conduire dans les divers chemins qu'il faut tenir. Le rapport qui se rencontre entre les esprits ne maintiendrait pas longtemps la société, si elle n'était réglée et soutenue par le bon sens, par l'humeur, et par les égards qui doivent être entre les personnes qui veulent vivre ensemble.

S'il arrive quelquefois que des gens opposés d'humeur et d'esprit paraissent unis, ils tiennent sans doute par des raisons étrangères, qui ne durent pas longtemps. On peut être aussi en société avec des personnes sur qui nous avons de la supériorité par la naissance, ou par des qualités personnelles ; mais ceux qui ont cet avantage n'en doivent pas abuser ; ils doivent rarement le faire sentir, et ne s'en servir que pour instruire les autres. Ils doivent leur faire apercevoir qu'ils ont besoin d'être conduits, et les mener par la raison, en s'accommodant, autant qu'il est possible, à leurs sentiments et à leurs intérêts.

Pour rendre la société commode, il faut que chacun conserve sa liberté. Il ne faut point se voir, ou se voir sans sujétion, et pour se divertir ensemble. Il faut pouvoir se séparer sans que cette séparation apporte de changement. Il faut se pouvoir passer les uns des autres, si on ne veut pas s'exposer à embarrasser quelquefois ; et on doit se souvenir qu'on incommode souvent, quand on croit ne pouvoir jamais incommoder. Il faut contribuer autant qu'on le peut au divertissement des personnes avec qui on veut vivre, mais il ne faut pas être toujours chargé du soin d'y contribuer.

La complaisance est nécessaire dans la société, mais elle doit avoir des bornes : elle devient une servitude quand elle est excessive. Il faut du moins qu'elle paraisse libre, et qu'en suivant le sentiment de nos amis ils soient persuadés que c'est le nôtre aussi que nous suivons.

Il faut être facile à excuser nos amis, quand leurs défauts sont nés avec eux, et qu'ils sont moindres que leurs bonnes qualités. Il faut souvent éviter de leur faire voir qu'on les ait remarqués, et qu'on en soit choqué. On doit essayer de faire en sorte qu'ils puissent s'en apercevoir eux-mêmes, pour leur laisser le mérite de s'en corriger.

Il y a une sorte de politesse qui est nécessaire dans le commerce des honnêtes gens : elle leur fait entendre raillerie, et elle les empêche d'être choqués, et de choquer les autres par de certaines façons de parler trop sèches et trop dures, qui échappent souvent sans y penser, quand on soutient son opinion avec chaleur.

Le commerce des honnêtes gens ne peut subsister sans une certaine sorte de confiance; elle doit être commune entre eux ; il faut que chacun ait un air de sûreté et de discrétion qui ne donne jamais lieu de craindre qu'on puisse rien dire par imprudence.

Il faut de la variété dans l'esprit; ceux qui n'ont que d'une sorte d'esprit, ne peuvent pas plaire longtemps : on peut prendre des routes diverses, n'avoir pas les mêmes talents, pourvu qu'on aide au plaisir de la société, et qu'on y observe la même justesse que les différentes voix et les divers instruments doivent observer dans la musique.

Comme il est malaisé que plusieurs personnes puissent avoir les mêmes intérêts, il est nécessaire, au moins pour la douceur de la société, qu'ils n'en aient pas de contraires.

On doit aller au-devant de ce qui peut plaire à ses amis, chercher les moyens de leur être utile, leur épargner des chagrins, leur faire voir qu'on les partage avec eux quand on ne peut les détourner, les effacer insensiblement sans prétendre de les arracher tout d'un coup, et mettre à la place des objets agréables, ou du moins qui les occupent. On peut leur parler de choses qui les regardent; mais ce n'est qu'autant qu'ils le permettent, et on y doit garder beaucoup de mesure. Il y a de la politesse, et quelquefois même de l'humanité, à ne pas entrer trop avant dans les replis de leur cœur; ils ont souvent de la peine à laisser voir tout ce qu'ils en connaissent, et ils en ont encore davantage quand on pénètre ce qu'ils ne connaissent pas bien. Que le commerce que les honnêtes gens ont ensemble leur donne de la familiarité, et leur fournisse un nombre infini de sujets de se parler sincèrement.

Personne presque n'a assez de docilité et de bon sens pour bien recevoir plusieurs avis qui sont nécessaires pour maintenir la société. On veut être averti jusqu'à un certain point, mais on ne veut pas l'être en toutes choses, et on craint de savoir toutes sortes de vérités.

Comme on doit garder des distances pour voir les objets, il en faut garder aussi pour la société; chacun a son point de vue, d'où il veut être regardé. On a raison le plus souvent de ne vouloir pas être éclairé de trop près; et il n'y a presque point d'homme qui veuille en toutes choses se laisser voir tel qu'il est.

V.

DE LA CONVERSATION.

Ce qui fait que peu de personnes sont agréables dans la conversation, c'est que chacun songe plus à ce qu'il a dessein de dire qu'à ce que les autres disent, et que l'on n'écoute guère quand on a bien envie de parler.

Néanmoins il est nécessaire d'écouter ceux qui parlent. Il faut leur donner le temps de se faire entendre, et souffrir même qu'ils disent des choses inutiles. Bien loin de les contredire et de les interrompre, on doit au contraire entrer dans leur esprit et dans leur goût, montrer qu'on les entend, louer ce qu'ils disent autant qu'il mérite d'être loué, et faire voir que c'est plutôt par choix qu'on les loue, que par complaisance.

Pour plaire aux autres, il faut parler de ce qu'ils aiment et de ce qui les touche, éviter les disputes sur des choses indifférentes, leur faire rarement des questions, et ne leur laisser jamais croire qu'on prétend avoir plus de raison qu'eux.

On doit dire les choses d'un air plus ou moins sérieux, et sur des sujets plus ou moins relevés, selon l'humeur et la capacité des personnes que l'on entretient, et leur céder aisément l'avantage de décider, sans les obliger de répondre, quand ils n'ont pas envie de parler.

Après avoir satisfait de cette sorte aux devoirs de la politesse, on peut dire ses sentiments en montrant qu'on cherche à les appuyer de l'avis de ceux qui écoutent, sans marquer de présomption ni d'opiniâtreté.

Évitons surtout de parler souvent de nous-mêmes, et de nous donner pour exemple. Rien n'est plus désagréable qu'un homme qui se cite lui-même à tout propos.

On ne peut aussi apporter trop d'application à connaître la pente et la portée de ceux à qui l'on parle, pour se joindre à l'esprit de celui qui en a le plus, sans blesser l'inclination ou l'intérêt des autres par cette préférence.

Alors on doit faire valoir toutes les raisons qu'il a dites, ajoutant modestement nos propres pensées aux siennes, et lui faisant croire autant qu'il est possible que c'est de lui qu'on les prend.

Il ne faut jamais rien dire avec un air d'autorité, ni montrer aucune supériorité d'esprit. Fuyons les expressions trop recherchées, les termes durs ou forcés, et ne nous servons point de paroles plus grandes que les choses.

Il n'est pas défendu de conserver ses opinions, si elles sont raisonnables. Mais il faut se rendre à la raison aussitôt qu'elle paraît, de quelque part qu'elle vienne; elle seule doit régner sur nos sentiments : mais suivons-la sans heurter les sentiments des autres, et sans faire paraître du mépris de ce qu'ils ont dit.

Il est dangereux de vouloir être toujours le maître de la conversation, et de pousser trop loin une bonne raison quand on l'a trouvée. L'honnêteté veut que l'on cache quelquefois la moitié de son esprit, et qu'on ménage un opiniâtre qui se défend mal, pour lui épargner la honte de céder.

On déplaît sûrement quand on parle trop longtemps et trop souvent d'une même chose, et que l'on cherche à détourner la conversation sur des sujets dont on se croit plus instruit que les autres. Il faut entrer indifféremment sur tout ce qui leur est agréable, s'y arrêter autant qu'ils le veulent, et s'éloigner de tout ce qui ne leur convient pas.

Toute sorte de conversation, quelque spirituelle qu'elle soit, n'est pas également propre à toutes sortes de gens d'esprit. Il faut choisir ce qui est de leur goût, et ce qui est convenable à leur condition, à leur sexe, à leurs talents, et choisir même le temps de le dire.

Observons le lieu, l'occasion, l'humeur où se trouvent les personnes qui nous écoutent : car s'il y a beaucoup d'art à savoir parler à propos, il n'y en a pas moins à savoir se taire. Il y a un silence éloquent qui sert à approuver et à condamner; il y a un silence de discrétion et de respect. Il y a enfin des tons, des airs et des manières, qui font tout ce qu'il y a d'agréable ou de désagréable, de délicat ou de choquant dans la conversation.

Mais le secret de s'en bien servir est donné à peu de personnes. Ceux même qui en font des règles s'y méprennent souvent; et la plus sûre qu'on en puisse donner, c'est écouter beaucoup, parler peu, et ne rien dire dont on puisse avoir sujet de se repentir.

DE LA CONVERSATION[1].

Ce qui fait que si peu de personnes sont agréables dans la conversation, c'est que chacun songe plus à ce qu'il veut dire, qu'à ce que les autres disent. Il faut écouter ceux qui parlent, si on en veut être écouté; il faut leur laisser la liberté de se faire entendre, et même de dire des choses inutiles. Au lieu de les contraindre et de les in-

---

[1] Nous croyons utile de donner ici cette seconde leçon du morceau qu'on vient de lire. Elle se trouve dans l'édition de M. de Fortia.

terrompre, comme on fait souvent, on doit au contraire entrer dans leur esprit et dans leur goût, montrer qu'on les entend, leur parler de ce qui les touche, louer ce qu'ils disent autant qu'il mérite d'être loué, et faire voir que c'est plus par choix qu'on loue que par complaisance.

Il faut éviter de contester sur des choses indifférentes, faire rarement des questions inutiles, ne laisser jamais croire qu'on prétend avoir plus de raison que les autres, et céder aisément l'avantage de décider.

On doit dire des choses naturelles, faciles, et plus ou moins sérieuses, selon l'humeur ou l'inclination des personnes que l'on entretient ; ne les presser pas d'approuver ce qu'on dit, ni même d'y répondre.

Quand on a satisfait de cette sorte aux devoirs de la politesse, on peut dire ses sentiments sans prévention et sans opiniâtreté, en faisant paraître qu'on cherche à les appuyer de l'avis de ceux qui écoutent.

Il faut éviter de parler longtemps de soi-même, et de se donner souvent pour exemple. On ne saurait avoir trop d'application à connaître la pente et la pensée de ceux à qui on parle, pour se joindre à l'esprit de celui qui en a le plus, et pour ajouter ses pensées aux siennes, en lui faisant croire, autant qu'il est possible, que c'est de lui qu'on les prend.

Il y a de l'habileté à n'épuiser pas les sujets qu'on traite, et à laisser toujours aux autres quelque chose à penser et à dire.

On ne doit jamais parler avec des airs d'autorité, ni se servir de paroles ni de termes plus grands que les choses. On peut conserver ses opinions, si elles sont raisonnables ; mais en les conservant, il ne faut jamais blesser les sentiments des autres, ni paraître choqué de ce qu'ils ont dit.

Il est dangereux de vouloir être toujours le maître de la conversation, et de parler trop souvent d'une même chose. On doit entrer indifféremment sur tous les sujets agréables qui se présentent, et ne faire jamais voir qu'on veut entraîner la conversation sur ce qu'on a envie de dire.

Il est nécessaire d'observer que toute sorte de conversation, quelque honnête et quelque spirituelle qu'elle soit, n'est pas également propre à toute sorte d'honnêtes gens ; il faut choisir ce qui convient à chacun, et choisir même le temps de le dire.

Mais s'il y a beaucoup d'art à parler, il n'y en a pas moins à se taire. Il y a un silence éloquent : il sert quelquefois à approuver et à condamner ; il y a un silence moqueur ; il y a un silence respectueux.

Il y a des airs, des tours et des manières qui font souvent ce qu'il y a d'agréable ou de désagréable, de délicat ou de choquant dans la conversation. Le secret de s'en bien servir est donné à peu de personnes ; ceux mêmes qui en font des règles s'y méprennent quelquefois : la plus sûre, à mon avis, c'est de n'en point avoir qu'on ne puisse changer, de laisser plutôt voir des négligences dans ce qu'on dit, que de l'affectation, d'écouter, de ne parler guère, et de ne se forcer jamais à parler.

VI.

DU FAUX.

On est faux en différentes manières. Il y a des hommes faux qui veulent toujours paraître ce qu'ils ne sont pas. Il y en a d'autres de meilleure foi, qui sont nés faux, qui se trompent eux-mêmes, et qui ne voient jamais les choses comme elles sont. Il y en a dont l'esprit est droit et le goût faux ; d'autres ont l'esprit faux, et quelque droiture dans le goût ; et il y en a qui n'ont rien de faux dans le goût ni dans l'esprit. Ceux-ci sont très-rares, puisqu'à parler généralement, il n'y a personne qui n'ait de la fausseté dans quelque endroit de l'esprit ou du goût.

Ce qui fait cette fausseté si universelle, c'est que

nos qualités sont incertaines et confuses, et que nos goûts le sont aussi. On ne voit point les choses précisément comme elles sont; on les estime plus ou moins qu'elles ne valent, et on ne les fait point rapporter à nous en la manière qui leur convient, et qui convient à notre état et à nos qualités.

Ce mécompte met un nombre infini de faussetés dans le goût et dans l'esprit; notre amour-propre est flatté de tout ce qui se présente à nous sous les apparences du bien.

Mais comme il y a plusieurs sortes de biens, qui touchent notre vanité ou notre tempérament, on les suit souvent par coutume ou par commodité. On les suit parce que les autres les suivent, sans considérer qu'un même sentiment ne doit pas être également embrassé par toutes sortes de personnes, et qu'on s'y doit attacher plus ou moins fortement, selon qu'il convient plus ou moins à ceux qui le suivent.

On craint encore plus de se montrer faux par le goût que par l'esprit. Les honnêtes gens doivent approuver sans prévention ce qui mérite d'être approuvé, suivre ce qui mérite d'être suivi, et ne se piquer de rien; mais il y faut une grande proportion et une grande justesse. Il faut savoir discerner ce qui est bon en général, et ce qui nous est propre, et suivre alors avec raison la pente naturelle qui nous porte vers les choses qui nous plaisent.

Si les hommes ne voulaient exceller que par leurs propres talents, et en suivant leurs devoirs, il n'y aurait rien de faux dans leur goût et dans leur conduite : ils se montreraient tels qu'ils sont; ils jugeraient des choses par leurs lumières, et s'y attacheraient par raison. Il y aurait de la proportion dans leurs vues, dans leurs sentiments : leur goût serait vrai, il viendrait d'eux, et non pas des autres; et ils le suivraient par choix, et non pas par coutume et par hasard. Si on est faux en approuvant ce qui ne doit pas être approuvé, on ne l'est pas moins le plus souvent par l'envie de se faire valoir par des qualités qui sont bonnes de soi, mais qui ne nous conviennent pas. Un magistrat est faux quand il se pique d'être brave, bien qu'il puisse être hardi dans de certaines rencontres. Il doit être ferme et assuré dans une sédition qu'il a droit d'apaiser, sans craindre d'être faux; et il serait faux et ridicule de se battre en duel.

Une femme peut aimer les sciences; mais toutes les sciences ne lui conviennent pas : et l'entêtement de certaines sciences ne lui convient jamais, et est toujours faux.

Il faut que la raison et le bon sens mettent le prix aux choses, et qu'elles déterminent notre goût à leur donner le rang qu'elles méritent, et qu'il nous convient de leur donner. Mais presque tous les hommes se trompent dans ce prix et dans ce rang ; et il y a toujours de la fausseté dans ce mécompte.

VII.

DE L'AIR ET DES MANIÈRES.

Il y a un air qui convient à la figure et aux talents de chaque personne : on perd toujours quand on le quitte pour en prendre un autre.

Il faut essayer de connaître celui qui nous est naturel, n'en point sortir, et le perfectionner autant qu'il nous est possible.

Ce qui fait que la plupart des petits enfants plaisent, c'est qu'ils sont encore renfermés dans cet air et dans ces manières que la nature leur a donnés, et qu'ils n'en connaissent point d'autres. Ils les changent et les corrompent quand ils sortent de l'enfance ; ils croient qu'il faut imiter ce qu'ils voient, et ils ne le peuvent parfaitement imiter ; il y a toujours quelque chose de faux et d'incertain dans cette imitation. Ils n'ont rien de fixe dans leurs manières ni dans leurs sentiments ; au lieu d'être en effet ce qu'ils veulent paraître, ils cherchent à paraître ce qu'ils ne sont pas.

Chacun veut être un autre, et n'être plus ce qu'il est ; ils cherchent une contenance hors d'eux-mêmes, et un autre esprit que le leur ; ils prennent des tons et des manières au hasard : ils en font des expériences sur eux, sans considérer que ce qui convient à quelquesuns ne convient pas à tout le monde, qu'il n'y a point de règle générale pour les tons et pour les manières, et qu'il n'y a point de bonnes copies.

Deux hommes néanmoins peuvent avoir du rapport en plusieurs choses, sans être copie l'un de l'autre, si chacun suit son naturel; mais personne presque ne le suit entièrement : on aime à imiter. On imite souvent, même sans s'en apercevoir, et on néglige ses propres biens pour des biens étrangers, qui d'ordinaire ne nous conviennent pas.

Je ne prétends pas, par ce que je dis, nous renfermer tellement en nous-mêmes, que nous n'ayons pas la liberté de suivre des exemples, et de joindre à nous des qualités utiles ou nécessaires, que la nature ne nous a pas données. Les arts et les sciences conviennent à la plupart de ceux qui s'en rendent capables. La bonne grâce et la politesse conviennent à tout le monde; mais ces qualités acquises doivent avoir un certain rapport, et une certaine union avec nos propres qualités, qui les étende et les augmente imperceptiblement.

Nous sommes élevés à un rang et à des dignités au-dessus de nous; nous sommes souvent engagés dans une profession nouvelle, où la nature ne nous avait pas destinés. Tous ces états ont chacun un air qui leur convient, mais qui ne convient pas toujours avec notre air naturel. Ce changement de notre fortune change souvent notre air et nos manières, et y ajoute l'air de la dignité, qui est toujours faux quand il est trop marqué, et qu'il n'est pas joint et confondu avec l'air que la nature nous a donné. Il faut les unir et les mêler ensemble, et faire en sorte qu'ils ne paraissent jamais séparés.

On ne parle pas de toutes choses sur un même ton, et avec les mêmes manières. On ne marche pas à la tête d'un régiment, comme on marche en se promenant. Mais il faut qu'un même air nous fasse dire naturellement des choses différentes, et qu'il nous fasse marcher différemment, mais toujours naturellement, et comme il convient de marcher à la tête d'un régiment et à une promenade.

Il y en a qui ne se contentent pas de renoncer à leur air propre et naturel, pour suivre celui du rang et des dignités où ils sont parvenus. Il y en a même qui prennent par avance l'air des dignités et du rang où ils aspirent. Combien de lieutenants généraux apprennent à être maréchaux de France! combien de gens de robe répètent inutilement l'air de chancelier, et combien de bourgeoises se donnent l'air de duchesse!

Ce qui fait qu'on déplaît souvent, c'est que personne ne sait accorder son air et ses manières avec sa figure; ni ses tons et ses paroles avec ses pensées et ses sentiments : on s'oublie soi-même, et on s'en éloigne insensiblement; tout le monde presque tombe par quelque endroit dans ce défaut; personne n'a l'oreille assez juste pour entendre parfaitement cette sorte de cadence.

Mille gens déplaisent avec des qualités aimables; mille gens plaisent avec de moindres talents. C'est que les uns veulent paraître ce qu'ils ne sont pas, les autres sont ce qu'ils paraissent; et enfin, quelques avantages ou quelques désavantages que nous ayons reçus de la nature, on plaît à proportion de ce qu'on suit l'air, les tons, les manières et les sentiments qui conviennent à notre état et à notre figure, et on déplaît à proportion de ce qu'on s'en éloigne.

FIN DES RÉFLEXIONS DIVERSES.

INTRODUCTION.

Voulant écrire de l'Homme, et se tracer une route nouvelle, l'illustre auteur des *Maximes* nie, dès l'abord, l'existence de la vertu. Ainsi débarrassé du seul titre que nous ayons devant Dieu, il nous livre au néant[1], et marche rapidement à l'athéisme. Cette accusation, qui peut surprendre, ne restera pas sans preuve[2]. Les *doctrines* de La Rochefoucauld sont beaucoup plus mauvaises que leur réputation. Elles s'appuient sur l'égoïsme, vice honteux qui isole l'homme, mais que l'auteur confond à dessein avec l'amour de soi, sentiment conservateur, qui unit les sociétés. Il est donc indispensable de remarquer cette confusion, presque toujours inaperçue, parce qu'elle donne à son système une apparence de vérité : elle est le trait le plus subtil de son génie, et c'est ainsi que l'incertitude où il nous jette nous persuade trop souvent qu'il prend dans notre conscience le principe fondamental de son livre.

Ce n'est point ici le lieu d'examiner le fond de ce système[3]; mais je ne puis m'empêcher de remarquer que l'idée de soumettre toutes nos actions à un mobile unique, est peut-être la plus grande injure que l'homme ait jamais faite à l'homme. Les animaux n'ont reçu qu'un rayon d'intelligence qui, sous le nom d'ins-

---

[1] *Voyez* la Maxime 504.
[2] *Voyez* les Maximes 44 et 504.
[3] *Voyez* la Maxime 262.

tinct, règle leur vie entière; ils sont commandés par la nécessité : mais notre âme est une sphère parfaite d'intelligence et d'amour; elle s'étudie, se connaît et se juge. Le signe de son excellence est la liberté de choisir entre le bien et le mal, et la preuve de cette liberté est le repentir qui nous presse lorsque ce choix est mauvais. Borner notre âme à une seule passion, c'est ravaler la nature de l'homme; c'est l'assimiler à l'instinct des animaux. Telle est la conclusion rigoureuse du livre des *Maximes* : il faut, ou rejeter le système, ou en subir les conséquences.

Frappé des vices de la cour, La Rochefoucauld s'est contenté de les peindre. Il a vu l'homme ouvrage de la société, il a oublié l'homme ouvrage de Dieu. Son livre est un tableau du siècle, digne d'être étudié; l'histoire y répand une vive lumière, qui nous en fait reconnaître les personnages. A le considérer sous ce rapport, il offre des lignes admirables. Jamais, dans un espace si court, on ne renferma tant de vérités de détails, d'aperçus neufs, et de ces observations déliées qui entrent dans la partie perverse des cœurs. C'est quelquefois le pinceau de Tacite, ce n'est jamais son âme ! Tacite nous émeut pour la vertu, La Rochefoucauld nous laisse froid devant la dégradation humaine : on voit que le but de son livre n'est pas de faire haïr le vice, mais de faire croire à son triomphe. Plein de cette pensée, il nie jusqu'à la possibilité de le combattre[1] : sa confiance est

---

[1] *Voyez* la Maxime 177.

dans le mal¹, sa vertu dans l'intérêt, sa volonté dans la disposition de ses organes². Il commence par nous flétrir et finit par nous corrompre ; et c'est en nous inspirant le mépris de notre cœur, qu'il nous accoutume aux actions méprisables. Sent-on en soi quelque penchant à la vanité, à l'envie, à l'égoïsme, à l'ingratitude, on s'applique ses maximes insidieuses qui se gravent si facilement dans la mémoire ; puis on se dit : La nature est ainsi faite ; et l'on cesse de rougir de soi-même.

Pour écrire de la morale, il a manqué à La Rochefoucauld de bien connaître ce qui était vice et vertu. Il s'est égaré faute de définition, et ses erreurs ont été d'autant plus graves que son esprit avait plus d'étendue : lorsque l'âme reste sans principes, les ténèbres semblent croître avec notre intelligence.

Vauvenargues, plus habile, posa le principe avant d'entrer dans la carrière : « *Afin, dit-il, qu'une chose* « *soit regardée comme un bien par toute la société, il faut* « *qu'elle tende à l'avantage de toute la société ;* c'est le « propre de la vertu. *Et afin qu'on la regarde comme un* « *mal, il faut qu'elle tende à sa ruine ;* » c'est le propre du vice.

Ce principe, que la mauvaise foi même ne saurait contester, est une réfutation complète du système de La Rochefoucauld : rien, dans ce système, ne tend à l'avantage de la société ; tout, au contraire, y tend à sa ruine. Rapporter nos inclinations les plus naturelles, nos mou-

¹ *Voyez* la Maxime 238.
² *Voyez* la Maxime 44.

vements les plus imprévus, nos actions les plus innocentes à la vanité ou à l'intérêt, c'est méconnaître la vertu ; et méconnaître la vertu, c'est anéantir l'homme.

La vertu est la loi sublime qui veille à notre conservation : sans elle il n'y aurait ni famille, ni société, ni genre humain. Voyez seulement ce que deviennent les familles qui ont un guide corrompu, et songez à ce que deviendrait un pays où les lois, qui sont la vertu des nations, ne réprimeraient rien. L'homme sans vertu est comme un peuple sans loi. Vous lui ôtez la force qui triomphe des passions, et vous vous étonnez de sa faiblesse ! Vous lui donnez le vice pour guide, et vous vous étonnez de sa perversité ! Vous saisissez habilement les bassesses, les ruses, les turpitudes de quelques âmes dépravées, vous les surprenez dans leur hypocrisie, et vous attribuez à tous la honte de quelques-uns ! C'est comme si vous écriviez au bas de la statue de Thersite ou de Néron : *Voilà l'homme !*

Celui qui a pu tracer un pareil tableau n'est pas loin de l'athéisme ; toutes les doctrines immorales nous y poussent, et l'auteur y arrive enfin environné du cortége de tous les vices. Alors seulement, forcé de reconnaître qu'il n'y a rien d'immortel dans une créature sans vertu, il s'effraie de trouver le néant, et de ne pouvoir l'éviter. Voilà comment, après nous avoir réduits à l'intelligence, il s'est vu dans la nécessité de réduire l'intelligence à rien. Tant il est dangereux de calomnier l'humanité : l'injustice envers l'homme conduit presque toujours à l'impiété envers Dieu !

Ma tâche à moi était d'opposer la raison à tant de sophismes; les sentiments naturels du cœur, aux fausses lumières d'un esprit superbe ; et des vérités consolantes, au système le plus désolant : j'ai voulu prouver qu'une corruption générale est impossible, parce qu'elle entraînerait la perte de la société ; d'où j'ai tiré cette conclusion, que la vertu a été donnée à l'homme parce qu'elle lui est nécessaire, et qu'elle lui est nécessaire parce qu'il importe à Dieu de conserver son propre ouvrage.

Pour atteindre ce but, je ne me suis point appuyé de cette haute philosophie qui maintint la sagesse de Marc-Aurèle, malgré les flatteurs et le trône. Ni La Rochefoucauld, ni Marc-Aurèle, n'ont tracé un tableau fidèle de l'humanité, qui n'est ni si dépravée, ni si sublime. C'est le cœur de l'homme naturel qu'il fallait opposer au cœur de l'homme avili. Ma philosophie, pour parler le langage de Montaigne, devait être toute *familière et commune;* et en me réduisant aux principes vulgaires, j'étais bien sûr de ne point affaiblir ma cause. C'est une vérité qui atteste à la fois la bonté de la Providence et la dignité de notre être, que la morale la plus simple conduit aux mêmes résultats que la plus haute philosophie ; elle suffit à qui veut la suivre, non pas seulement pour être bon citoyen, mais pour devenir un héros. Une mère en recevant les adieux de son fils lui recommande d'aimer Dieu, de fuir l'envie, d'être loyal en faits et dits, et charitable envers les malheureux : la vie entière du jeune guerrier est consacrée à l'accomplissement de ces trois préceptes;

et ce guerrier, qui reçut de la France le titre de *chevalier sans peur et sans reproche*, fut Bayard[1].

Tel est le plan que nous avons cru devoir suivre. Il nous a privé sans doute de quelques développements philosophiques ; mais il nous a permis de nous appuyer des vérités de l'histoire ; vérités que nous devions préférer à tout, parce qu'elles étaient des exemples. Rousseau a dit qu'une mauvaise maxime est pire qu'une mauvaise action : il aurait pu ajouter, avec non moins de sens, que les bons exemples valent mieux que les meilleurs préceptes.

La Rochefoucauld a peint les hommes comme les fait quelquefois le monde ; Marc-Aurèle, comme les fait rarement la philosophie ; et nous, comme les fait toujours la nature.

Qu'il nous soit permis, en terminant, d'adresser une prière à nos lecteurs : c'est de ne pas nous juger d'après les passions de la société, mais d'après les sentiments de leur âme. Nous croirons avoir tout obtenu s'ils s'interrogent eux-mêmes ; car il suffit de descendre profondément en soi pour y trouver le bien ; et la vérité qui est dans notre cœur nous instruit mieux que les paroles qui passent.

[1] *Voyez* les *Mémoires du Secrétaire de Bayard*, chap. 2.

AIMÉ-MARTIN.

EXAMEN CRITIQUE

DES

RÉFLEXIONS OU SENTENCES

ET MAXIMES MORALES

DE LA ROCHEFOUCAULD.

ÉPIGRAPHE.

Nos vertus ne sont le plus souvent que des vices déguisés.

Dès la première ligne, l'auteur nous met en garde contre ce qu'il y a de plus sacré sur la terre, la vertu. Il ne la nie point encore, mais il la réduit aux apparences, il en empoisonne la source ; et, jetant notre âme dans le doute de ses propres sentiments, il nous laisse flotter indécis entre le bien et le mal, le vice et la vertu. On objectera, sans doute, que La Rochefoucauld ne présente pas sa pensée d'une manière absolue ; mais pour détruire cette objection il suffit de tourner quelques feuillets. L'auteur ne reste pas longtemps dans le cercle étroit qu'il vient de se tracer, et bientôt, négligeant toute précaution oratoire, il reproduit les mêmes maximes sans exceptions et sans restrictions[1]. Contradiction évidente, mais inévitable. La Rochefoucauld devait, ou renoncer à son système, ou généraliser sa pensée : car pour détruire un système il suffit d'une exception.

Maintenant il faut choisir entre deux opinions : ou l'on restreint le sens de cette maxime à quelques cas particuliers, et alors elle ne renferme plus qu'une vérité commune dont il est inutile de nous occuper, ou l'on veut en faire une application générale, et alors c'est une calomnie qui tend à déshonorer le genre humain. Dans cette dernière hypothèse, il faudrait ainsi traduire la pensée : *Tous les hommes sont des hypocrites ; rien n'est vrai que le vice.* Poser ainsi la question, c'est la juger.

Mais comment une pareille maxime se trouve-t-elle à la tête d'un livre qui porte le titre de *Réflexions ou sentences et maximes morales?* Tous ces titres promettent, non une suite de sophismes propres à renverser tout principe, mais un développement des bonnes et saines doctrines propres à faire aimer la vérité. Un titre plus convenable eût été celui-ci : *Observations critiques sur les mœurs.* Plus on étudie le tour d'esprit de La Rochefoucauld et le secret de sa composition, plus on est convaincu que le livre des *Maximes* est une critique du siècle, et non un traité de morale. Condé, Turenne, Richelieu, Mazarin,

[1] *Voyez* les Maximes 5, 18, 20, 29, 41, etc.

le cardinal de Retz, la duchesse de Longueville, Ninon, La Fayette, Sévigné, Anne d'Autriche, viennent tour à tour se présenter à lui ; mais il ne les montre qu'en partie. Ni la reconnaissance, ni l'amour, ni la justice, ne peuvent lui arracher un éloge. Il semble que ces divers personnages se soient refusés à laisser voir leurs vertus au peintre du vice. Ce livre est donc une satire du monde, et non un portrait de l'homme. Rien n'y est d'une application générale ; chaque maxime, au contraire, rappelle celui dont elle exprime les opinions ou les actions ; et lorsque, toujours préoccupé de la corruption qui l'environne, l'auteur essaie de généraliser sa triste philosophie, nous lui échappons par les plus doux sentiments de la nature.

MAXIME I.

Ce que nous prenons pour des vertus, n'est souvent qu'un assemblage de diverses actions et de divers intérêts, que la fortune ou notre industrie savent arranger ; et ce n'est pas toujours par valeur et par chasteté que les hommes sont vaillants, et que les femmes sont chastes.

Le caractère de la vertu est d'être immuable. Les événements les plus opposés la trouvent toujours la même ; car son intérêt est de faire le bien, et cet intérêt ne change pas. Les vices, au contraire, se déguisent suivant les circonstances ; leur hypocrisie ne peut tromper qu'un moment, car ils ne s'attachent qu'à des intérêts passagers ; et à mesure que ces intérêts changent, l'âme se montre, et la vérité reste.

Ainsi disparaît, par la force des choses, l'espèce de confusion que La Rochefoucauld voulait établir entre le vice et la vertu.

La fausse vertu est celle du publicain qui s'environne de faste et de mensonge ; la véritable est celle du Samaritain qui fait le bien par amour de l'humanité ; et s'il existe une vertu supérieure, elle est le partage des humbles qui exercent la charité sur la terre en attachant leurs regards au ciel : de pauvres filles renoncent au monde pour se consacrer à des œuvres de piété ; ce monde qu'elles abandonnent doit ignorer jusqu'à leur sacrifice ; elles ne seront vues que des malheureux. La contagion ravage l'Espagne, elles y courent [1], et s'enferment avec les pestiférés. Tous les maux qu'elles viennent soulager les menacent ; déjà elles exhalent l'odeur des cadavres ; on s'effraie, on fuit à leur approche : rien ne les occupe que les souffrances qu'elles soulagent ; elles supportent avec calme d'horribles travaux.... des choses dont la seule pensée peut glacer les plus fermes courages, et dénaturer même le cœur d'une mère ! Pensez-vous que leur récompense soit de ce monde ? Serait-ce

---

[1] Les sœurs de Sainte-Camille.

la gloire? leur nom même nous est inconnu! Les richesses? elles ont fait vœu de pauvreté! L'intérêt? oh oui! l'intérêt de l'humanité, celui du ciel! car elles ne tiennent plus à la terre que par nos maux, et c'est dans la mort qu'elles ont mis leur espérance.

Voilà la vertu telle que la fait la religion; mais La Rochefoucauld ne suit point notre âme dans ces hauteurs où elle se divinise. Il ne voit que la cour; ses maximes sont le fruit d'un temps de trouble et de discorde; elles s'appliquent aux hommes déshumanisés par les factions, et non aux sociétés bien ordonnées. Car si la plupart de nos vices naissent de la société, nous lui devons aussi la plupart de nos vertus : c'est le commerce des hommes qui nous inspire les beaux dévouements de la charité, et c'est la pensée de Dieu qui les rend sublimes.

Le seul trait des sœurs de Sainte-Camille suffit pour nous convaincre que la Providence règle l'histoire des hommes comme celle de la nature, et qu'il peut résulter, de l'étude même des désordres et des maux de nos sociétés, une théologie aussi lumineuse que celle qui résulte de l'étude de l'harmonie des mondes.

Il faut encore conclure de ces observations, que l'auteur a peint les hommes d'une manière au moins bien incomplète. Il est comme ces artistes qui sacrifient l'ensemble de leurs tableaux à un seul coup de lumière : on ne voit sortir de la toile qu'une figure éclatante; l'obscurité couvre le reste. Ainsi La Rochefoucauld nous éblouit en éclairant nos vices, et nous empêche de reconnaître la vertu qu'il a rejetée dans l'ombre. Sa plume, dont on a justement vanté l'élégance, est guidée souvent par les aperçus d'un esprit fin et délicat; mais elle ne l'est jamais par ce sentiment vif qui, en s'échappant du cœur, nous fait aimer la vertu, et qui suffirait seul pour confondre les sophistes qui la nient.

III.

Quelque découverte que l'on ait faite dans le pays de l'amour-propre, il y reste encore bien des terres inconnues.

C'est ici le premier mot du système que l'auteur va développer. Il a voulu chercher dans un vice le mobile de toutes nos actions. Mais il est utile de remarquer que ce mobile unique ne lui suffisant pas, il s'est vu obligé d'appeler d'autres passions au secours de son système, et de confondre sans cesse l'orgueil, la vanité, l'intérêt et l'égoïsme, avec l'amour-propre. Non-seulement cette confusion détruit l'unité de son principe, mais encore elle le conduit souvent à des résultats opposés à ce principe. Le mobile de nos actions cessant d'être vil, la vertu doit reprendre ses droits, et c'est ce qui arrive toutes les fois que l'auteur confond l'amour de soi avec l'intérêt ou l'égoïsme ; car l'amour de soi n'est pas toujours un vice. Le législateur qui a le mieux connu la nature de l'homme, sa force et sa faiblesse, pose en principe qu'il faut aimer le prochain *comme soi-même*, et Dieu par-dessus tout. Tant que nous ne dépassons pas cette proportion, nous sommes dans l'ordre ; tant que nous ne nous faisons pas centre, nous sommes dans l'ordre ; tant que nous ne voulons notre bien-être qu'avec celui des autres, nous sommes dans l'ordre. L'amour de soi peut donc entrer dans une action vertueuse : ce n'est pas l'abnégation entière de ce sentiment qui fait la vertu, c'est sa juste proportion. Aimer le prochain comme soi-même, voilà la vertu ; s'aimer plus que tous les autres, voilà le vice ; aimer les autres plus que nous, c'est s'élever au-dessus de l'humanité ; c'est être un sage, un saint, un héros, Socrate, Fénelon, saint Louis ! (*Voyez* la note de la Max. 262.)

V.

La durée de nos passions ne dépend pas plus de nous, que la durée de notre vie.

Si cela était juste, de quoi nous servirait la volonté ? La volonté des hommes fait leur caractère : c'est la puissance donnée au génie de régner sur le monde, c'est la puissance donnée au sage de régner sur lui-même. Nier cette puissance, c'est nier la vertu, c'est-à-dire la possibilité des sacrifices ; c'est nier le repentir qui tourmente le coupable, et rejeter la sagesse, cette noble faculté qui nous montre dans l'homme un Dieu déchu, mais libre encore de reprendre son rang. Non-seulement la conscience repousse ce système, mais il est en contradiction avec l'assentiment de tous les peuples de la terre. Tous attachent une gloire immense à triompher de l'amour, de l'ambition, de la haine, de la vengeance; tous élèvent le courage qui surmonte ces passions au-dessus de celui qui dédaigne la vie. Cette pensée du genre humain ne serait-elle qu'une erreur? et les grands exemples de nos grands hommes, Fénelon condamnant ses propres ouvrages, Louis XIV rendant les sceaux au président Voysin, saint Louis maître de son âme et ne lui permettant que des vertus, ne seraient-ils que des mensonges qu'il faudrait effacer de notre histoire?

VIII.

Les passions sont les seuls orateurs qui persuadent toujours. Elles sont comme un art de la nature dont les règles sont infaillibles; et l'homme le plus simple, qui a de la passion, persuade mieux que le plus éloquent qui n'en a point

Cette pensée est trop générale. L'art de persuader ne vient pas tant de la passion qu'on éprouve, que de celle qu'on sait exciter. C'est le véritable objet de l'éloquence. On se méfie d'un homme colère, à moins qu'il ne réveille un sentiment d'indignation ; d'un orgueilleux, s'il n'a l'adresse de flatter l'orgueil. Or on peut être très-passionné, et manquer ce but, qui vient de la réflexion.

X.

Il y a dans le cœur humain une génération perpétuelle de passions, en sorte que la ruine de l'une est presque toujours l'établissement d'une autre.

Et cependant, quelles que soient leur rapidité et notre inconstance, les passions, dit énergiquement Bossuet, ont une infinité qui se fâche de ne pouvoir être assouvie[1] : ah! sans doute, cette infinité est comme l'instinct de l'âme, qui sent le besoin de s'attacher à quelque chose d'éternel. Ainsi la pensée de La Rochefoucauld nous révèle un bienfait de la nature; car, dans leur passage rapide, toutes les passions nous laissent mécontents d'elles et de nous, de leurs plaisirs comme de leurs peines; et ce mécontentement nous conduit peu à peu à la seule passion qui puisse avoir de la durée, la vertu.

XVI.

Cette clémence, dont on fait une vertu, se pratique, tantôt par vanité, quelquefois par paresse, souvent par crainte, et presque toujours par tous les trois ensemble.

Voici une de ces maximes fondamentales qui prouvent la fausseté de tout le système. Le vice est ce qui

---

[1] Sermon pour le troisième dimanche de l'Avent.

fait le malheur des hommes : la vertu, ce qui les rend heureux. Une maxime qui tend à détruire une vertu pour y substituer un vice, est donc une maxime fatale au bonheur des hommes; et une maxime fatale au bonheur des hommes ne peut être la vérité : le caractère de la vérité est d'élever l'âme, et non de l'avilir; de répandre la vie dans les sociétés humaines, et non d'y propager la destruction; de faire trembler les tyrans, et non de les encourager. Ces principes suffiraient sans doute pour condamner La Rochefoucauld, lors même que l'expérience ne serait pas contre lui. En effet, que penser d'un système qui se trouve contredit par tout ce qu'il y a de beau et de sublime dans l'histoire des hommes? Y avait-il donc un sentiment de crainte, de vanité ou de paresse dans l'âme de Henri IV, lorsque, se retirant devant le duc de Parme, il laissait échapper la victoire, plutôt que de livrer Paris aux horreurs du pillage? « J'aime « mieux n'avoir point de Paris, disait-il, que de l'a- « voir tout ruiné et tout dissipé par la mort de tant « de personnes. » Non, La Rochefoucauld n'avait pas lu dans le cœur de Henri IV; il ne connaissait pas la véritable clémence, celle qu'on adore dans Charles V, dans Louis XII, et même dans César, qu'on haïrait sans elle. La clémence est la bonté appliquée aux grandes choses; c'est un sentiment de générosité et d'amour envers nos ennemis, qui met les rois au rang des dieux : elle est, dit Plutarque, la partie divine de la vertu. Ainsi s'accordent ensemble, et les actions des grands hommes, et les maximes des vrais sages. Cette vertu existe, parce que l'humanité en a besoin : elle existe, parce que son absence serait la perte du faible, et la malédiction des hautes fortunes.

Nous avons dit que La Rochefoucauld se contente trop souvent de peindre son siècle, et de réduire en maximes ce qui se passait en lui et autour de lui. Cette remarque trouve ici son application, car la pensée sur la clémence n'est autre chose que l'expression de la politique d'Anne d'Autriche. La Rochefoucauld lui avait tout sacrifié, jusqu'à la faveur du cardinal de Richelieu[1]. Devenue régente, elle ne laissa tomber ses grâces que sur ceux qu'elle haïssait; ses amis furent oubliés. Croyant montrer sa force dans sa générosité, elle ne montra que sa faiblesse dans son ingratitude. Les criminels furent justifiés[2]; on donnait tout à qui savait se faire craindre. En un mot, Richelieu avait cessé de vivre, non de régner : on eût dit que lui-même, longtemps après sa mort, écrasait encore ses ennemis, et se ressaisissait du pouvoir dans la personne de Mazarin, sa créature. Ainsi, Anne d'Autriche, en comblant de faveurs les anciens protégés de Richelieu, se montra clémente envers ses

---

[1] *Mémoires de La Rochefoucauld*, première partie, page 32.
[2] *Mémoires du cardinal de Retz*, tome I, page 93.

persécuteurs; mais de cette clémence dont parle La Rochefoucauld, qui se *pratique par vanité, par paresse ou par crainte*. La guerre de la Fronde fut la suite de tant d'injustices : Anne d'Autriche ne tarda pas à se convaincre que la fidélité des courtisans ne s'attache qu'aux récompenses, et c'est alors que La Rochefoucauld eut le triste honneur[1] de faire trembler sa souveraine. Tous les Mémoires du temps parlent de ses intrigues avec la duchesse de Longueville, qui fut l'aventurière d'un parti dont le cardinal de Retz se fit l'enfant perdu[2]. Après de tels événements, doit-on s'étonner de trouver dans le livre de La Rochefoucauld des traces de toutes les passions qu'il avait allumées, et qui auraient perdu la France si Louis XIV ne fût venu remettre tout à sa place?

XVIII.

La modération est une crainte de tomber dans l'envie et dans le mépris que méritent ceux qui s'enivrent de leur bonheur ; c'est une vaine ostentation de la force de notre esprit ; et enfin la modération des hommes dans leur plus haute élévation, est un désir de paraître plus grands que leur fortune.

Nouvelle preuve que La Rochefoucauld avait puisé ses maximes dans son siècle, et non dans la morale du genre humain. Ce qu'il dit ici de la modération, est un trait du caractère de Mazarin, qui, selon ma-

---

[1] *Mémoires de madame de Motteville*, tome I, page 140.
[2] *Mémoires du cardinal de Retz*, tome I, page 299.

dame de Motteville, « affectait d'être gai quand ses
« affaires allaient mal, pour montrer qu'il ne s'éton-
« nait point dans le péril ; et froid quand elles allaient
« bien, pour faire voir qu'il ne s'emportait pas dans
« la prospérité[1]. » On n'admettra donc pas, comme
une maxime générale, cette critique particulière.
Sans doute personne n'était dupe de la gaieté ou de
l'indifférence de Mazarin ; on savait trop que cette hypocrisie était le voile de son ingratitude et de son ambition : mais le monde entier crut à Phocion, lorsque
avant de boire la ciguë il se tourna vers son fils, et lui
dit : « Je te commande et te prie de ne porter point
« rancune pour ma mort aux Athéniens. » La vie
entière du héros attestait la vérité de ces paroles.

XX.

La constance des sages n'est que l'art de renfermer leur agitation dans leur cœur.

Ainsi la sagesse n'est encore que de l'hypocrisie !
Remarquez que cette définition de la constance est
une suite de la Maxime 18, et ne peut, comme elle, s'appliquer qu'à Richelieu ou à Mazarin. Voyez d'ailleurs
quels seraient ses résultats. Ne faudrait-il pas en conclure que la sagesse est funeste à l'humanité, puisque,
sans nous ôter les maux, elle nous priverait des consolations ? La constance du vrai sage est l'art d'opposer

[1] *Mémoires de madame de Motteville*, tome II, page 45.

aux agitations de la vie une force qui les détruise ; c'est un amour de la vertu qui ne peut être ébranlé ni par la crainte, ni par l'espérance. Mais il est une autre vertu supérieure à celle des sages, c'est la résignation du chrétien, vertu qui met à la place de nos souffrances un sentiment d'amour pour celui qui les envoie ; vertu pleine de vigueur, qui écarte toutes les incertitudes, car elle ne s'appuie plus sur nous, mais sur Dieu ; et, transportant nos désirs de la terre au ciel, elle nous console des douleurs qui passent par l'espérance d'une joie qui ne passera jamais. Épictète était pénétré de tout ce que cette morale a de plus sublime, lorsqu'il disait, en s'adressant aux dieux : « J'ai été malade parce que vous l'avez voulu, et je « l'ai voulu de même ; j'ai été pauvre parce que vous « l'avez voulu, et j'ai été content de ma pauvreté ; « j'ai été dans la bassesse parce que vous l'avez voulu, « et je n'ai jamais désiré d'en sortir. » Pensées touchantes, qui ne peuvent s'échapper que d'une âme paisible, et qui n'arrivent à la nôtre que pour la remplir de courage et d'amour. Si la constance des sages n'était que l'art de renfermer leurs agitations dans leur cœur, Épictète aurait eu l'enfer dans le sien. Peu d'hommes furent aussi malheureux, et c'est du sein de ses misères qu'il poussa ce cri sublime : « Je suis « Épictète, esclave, estropié, un autre Irus en pau- « vreté et en misère, et cependant aimé des dieux. »

XXII.

La philosophie triomphe aisément des maux passés et des maux à venir; mais les maux présents triomphent d'elle.

Anaxarque, Diogène, Épictète, Socrate, apprirent au monde que la philosophie est supérieure à la misère, à l'esclavage, à la douleur, à la mort. La Rochefoucauld prétendait-il nier ces grands exemples, ou les renverser par une maxime? (*Voyez* la note de la Maxime 20.)

XXIII.

Peu de gens connaissent la mort; on ne la souffre pas ordinairement par résolution, mais par stupidité et par coutume; et la plupart des hommes meurent, parce qu'on ne peut s'empêcher de mourir.

La crainte de la mort n'est, si l'on peut s'exprimer ainsi, qu'un sentiment physique, un instinct nécessaire à notre conservation. C'est une sentinelle commise à la garde de l'être matériel, et qui se retire à mesure que la morale nous éclaire, ou que notre intelligence s'agrandit. L'homme laissé à lui-même n'éviterait aucun mal; les animaux partagent cet instinct avec l'homme, l'âme n'y est pour rien : ou plutôt c'est de l'âme seule que nous apprenons, contre le témoignage de tous nos sens, que la mort est le plus grand des biens, jusque-là que le malheureux l'appelle, que le héros la brave, que le chrétien la bénit. La mort n'est pas notre affaire, c'est celle de la nature : pour ne la pas craindre, loin d'en détourner la vue, il suffit de l'envisager et de la comprendre. (*Voyez* les notes des Maximes 26 et 504.)

XXVI.

Le soleil ni la mort ne se peuvent regarder fixement.

Les anciens redoutaient la mort, ne pouvant ni la comprendre, ni consentir à paraître la craindre! Ils l'embrassèrent avec mépris, et ce mépris fit leur grandeur. Politique, mœurs, philosophie, tout fut dirigé dans ce but. Socrate seul, en méditant sur la mission de l'homme, pressentit que la mort devait renfermer le prix de la vertu. Il mit sa confiance en Dieu, et, le cœur pénétré de ce sentiment nouveau, il s'endormit sur la terre pour se réveiller dans le ciel. Mais la foi du chrétien a pénétré plus avant dans ces abîmes. Ce n'est point assez pour lui de regarder la mort fixement, il la contemple avec joie, il l'attend avec amour. Tous ses mystères lui sont dévoilés : elle n'accroît pas ses peines, elle les dissipe; elle ne trouble pas ses espérances, elle les accomplit; elle ne lui ôte pas la vie, elle la lui donne. Ainsi le passé comme le présent, la fin des sages les plus illustres comme celle des chrétiens les plus obscurs, démentent cette pensée calomnieuse. Caton en eût rougi, Bayard ne l'eût pas comprise. Et vous, pieuses victimes de notre révolution, qu'auriez-vous dit de ce langage, vous qu'on vit prier pour vos assassins, et qui, au moment de quitter la terre, ne répandiez des pleurs que sur nos maux! (*Voyez* la note de la Maxime 504.)

XXVIII.

La jalousie est, en quelque manière, juste et raisonnable, puisqu'elle ne tend qu'à conserver un bien qui nous appartient ou que nous croyons nous appartenir : au lieu que l'envie est une fureur qui ne peut souffrir le bien des autres.

Ici, comme dans une foule d'autres Maximes, l'auteur n'envisage qu'un des côtés de la passion qu'il veut excuser. Il n'y a point de coupable qui n'ait ses raisons. Dans les âmes communes, la jalousie ne développe que bassesses, méfiances, soupçons; dans les âmes vigoureuses, ses fruits sont la fureur et le crime. Chacun en supporte le poids suivant sa force; mais l'avilissement est pour tous. Quant à l'envie, passion obscure, lâche, honteuse d'elle-même, elle ne souffre pas toujours du bien des autres, mais seulement de n'être pas aussi bien que les autres. Charron l'a supérieurement définie, lorsqu'il a dit : « C'est un regret du bien que les autres possedent, et qui tourne ce bien en nostre mal. »

XXIX.

Le mal que nous faisons ne nous attire pas tant de persecution et de haine que nos bonnes qualités.

Il est deux manières de considérer cette Maxime :

comme maxime générale, et comme maxime d'exception. La première proposition serait une absurdité. La Rochefoucauld n'a pas pu dire que, dans le commerce habituel de la vie, la sincérité, l'innocence, la générosité, la modestie, nous attirent la haine et la persécution; tandis que la colère, l'injustice, la violence, la mauvaise foi, nous donnent des amis. En se bornant donc à la seconde proposition, il faut avouer que les grandes qualités irritent quelquefois les méchants, et qu'elles excitent la persécution : mais dire qu'elles appellent la haine, c'est calomnier le genre humain. Socrate et Fénelon furent persécutés, ils ne furent point haïs; ou plutôt jamais ils n'inspirèrent autant d'amour qu'au moment où ils recueillaient le prix de leurs vertus, l'un dans une prison, l'autre dans l'exil. Si vous êtes méchant, les hommes vous haïssent; si vous êtes bon, ils vous persécutent. Heureusement le choix est facile entre ces deux extrémités; car on peut supporter l'injustice des hommes, mais leur haine est un supplice qui ne nous laisse ni consolation ni refuge. (*Voyez* la note de la Maxime 238.)

XXXIV.

Si nous n'avions point d'orgueil, nous ne nous plaindrions pas de celui des autres.

Pensée plus brillante que solide. L'absence de l'orgueil ne nous rend point insensible; on peut donc, sans avoir de l'orgueil, être blessé de celui des autres.

XXXV.

L'orgueil est égal dans tous les hommes, et il n'y a de différence qu'aux moyens et à la manière de le mettre à jour.

L'orgueil n'étant qu'une fausse mesure de nous-mêmes, il est évident que cette mesure a plus ou moins d'étendue, suivant notre caractère ou nos passions. Soutenir que l'orgueil est égal dans tous les hommes, c'est donc soutenir qu'Alexandre et saint Louis avaient le même caractère et les mêmes passions; c'est ne mettre nulle différence entre Pradon, qui se plaignait de l'injustice du public soulevé contre ses pièces, et Racine, qui, frappé de la froideur de ce même public pour *Athalie*, emporta dans la tombe la douloureuse pensée qu'il s'était trompé; enfin, c'est nier la modestie, vertu des âmes délicates, et qui sert de voile aux autres vertus.

XXXVII.

L'orgueil a plus de part que la bonté aux remontrances que nous faisons à ceux qui commettent des fautes, et nous ne les reprenons pas tant pour les en corriger, que pour leur persuader que nous en sommes exempts.

Il y a au moins de grandes exceptions à cette règle; et La Rochefoucauld ne pensait pas sans doute en faire l'application aux leçons paternelles et aux conseils de l'amitié. Avertir et être averti, dit Cicéron, c'est le propre de l'amitié. Au reste, l'auteur en convient lui-même dans une autre pensée, qu'il est difficile de mettre d'accord avec celle-ci :

« Le plus grand effet de l'amitié, dit-il, n'est pas
« de montrer nos défauts à un ami, c'est de lui faire
« voir les siens. » (Maxime 410.)

XXXVIII.

Nous promettons selon nos espérances, et nous tenons selon nos craintes.

Nouveau trait du caractère de Mazarin. Sans reconnaissance pour les services passés, il ne laissait tomber les grâces de la cour que sur ceux qui avaient l'audace de s'en faire craindre. L'art de promettre fut pour lui l'art de régner. Prodigue seulement d'espérance, flatteur de ses propres courtisans, il amusait leur vanité, laissant entrevoir dans l'avenir des faveurs considérables pour se dispenser d'en accorder de légères. La Rochefoucauld fut victime de ses promesses hypocrites ; mais il ne pensait pas, sans doute, que lire dans le cœur de Mazarin c'était lire dans le cœur de tous les hommes.

On trouve, dans les Fragments historiques de Racine, une explication ingénieuse de cette politique de

Mazarin : nous la citons comme le complément de la pensée de La Rochefoucauld.

« La raison pourquoi, dit-il, le cardinal différait « tant à accorder les grâces qu'il avait promises, c'est « qu'il était persuadé que l'espérance était bien plus « capable de retenir les hommes dans le devoir, que « non pas la reconnaissance [1]. »

XLII.

Nous n'avons pas assez de force pour suivre toute notre raison.

Cette pensée fut ainsi retournée par madame de Grignan : « Nous n'avons pas assez de raison pour em- « ployer toute notre force. » Madame de Sévigné trouvait cette Maxime plus vraie que celle de La Rochefoucauld.

XLIV.

La force et la faiblesse de l'esprit sont mal nommées ; elles ne sont en effet que la bonne ou la mauvaise disposition des organes du corps.

Si la bonne ou la mauvaise disposition du corps réglait la force ou la faiblesse de l'esprit, il en résulterait nécessairement que tous ceux dont les organes sont sains devraient avoir l'esprit vigoureux, et que tous ceux dont les organes sont malades devraient avoir l'esprit faible. Chose que l'expérience dément, et que par cela même il est inutile de combattre. La

---

[1] Œuvres de Racine, tome V, p. 299 ; *Paris*, Lefèvre, 1821.

Rochefoucauld a-t-il voulu dire que l'âme est une harmonie de toutes les parties du corps, et que la puissance de la pensée augmente ou diminue, suivant la perfection de cette harmonie? Il faudrait toujours en conclure qu'un corps faible ne donnerait qu'une âme faible, ce qui est également contraire à l'expérience. César était d'une complexion délicate; et c'est dans un corps débile que brûlait l'âme la plus énergique de Rome, celle de Caton. D'un autre côté, si la force de l'esprit était un résultat de l'harmonie de tous les membres du corps, lorsqu'un homme aurait perdu un bras, sa pensée devrait s'affaiblir, ce qui n'est point encore arrivé. L'esprit agit, au contraire, avec d'autant plus de liberté que le corps le charge moins. Le délicat Athénien avait une âme bien autrement énergique que les Cimbres et les Teutons, dont la taille était énorme. Mais l'absurdité du système paraît mieux encore, lorsqu'au lieu d'un membre on retranche un organe ou même un sens; car la perte d'un organe devrait anéantir une partie de l'âme, si celle-ci n'était qu'une harmonie de toutes les parties du corps. Et cependant a-t-on vu que la cécité d'Homère, de Milton et de Delille ait affaibli leur génie; et ne semble-t-il pas, au contraire, que leurs inspirations devenaient plus sublimes, à mesure que la perte de leurs organes les détachait de la terre?

Notre pensée est infinie; elle se porte dans le passé

et dans l'avenir. J'entends, par le passé, communication avec Plutarque, Socrate et Platon. Et quant au présent, ma pensée pénètre aussi facilement dans les pays les plus éloignés, qu'elle a pénétré dans les siècles : jusque-là qu'elle me transporte à volonté dans toutes les contrées que j'ai parcourues. Or, si l'âme était une modification de la matière, elle irait par les mêmes degrés; et comme pour aller à Rome il faut traverser les Alpes et l'Italie, de même mon esprit ne pourrait se peindre le Colisée ou le Panthéon qu'après avoir parcouru successivement tous les pays intermédiaires.

On m'objectera peut-être qu'en réfutant les matérialistes je cesse de réfuter La Rochefoucauld. Si cela était, mes arguments subsisteraient encore, pour répondre à ceux qui seraient tentés de donner cette extension à sa doctrine. Mais est-il bien sûr que je ne combatte pas l'auteur des *Maximes*, et faut-il révéler avec quel art perfide il sait jeter comme au hasard une opinion dangereuse, se réservant de la développer ensuite sans scandale; offrant le poison à ceux qui le cherchent, ne le dérobant qu'aux âmes indifférentes, et marquant enfin le véritable point de départ de toutes les doctrines funestes qui ont ravagé le dix-huitième siècle? Pour mettre cette triste vérité dans tout son jour, il suffit de rapprocher la Maxime 44 de la 297°, ainsi conçue :

« Les humeurs du corps ont un cours ordinaire et
« réglé, qui meut et qui tourne imperceptiblement
« notre volonté ; elles roulent ensemble, et exercent
« successivement un empire secret en nous ; de sorte
« qu'elles ont une *part considérable* à toutes nos ac-
« tions, sans que nous le puissions connaître. »

Une pareille Maxime n'est-elle pas un cours complet de matérialisme? Ainsi s'éblouit lui-même un esprit supérieur, lorsque, cessant de s'appuyer sur les principes de la saine morale, il ne songe qu'à flétrir la vertu. Rousseau lui aurait dit : « Tu crois me montrer un homme, et je ne vois dans tes mains qu'un cadavre. » Ainsi donc, suivant La Rochefoucauld, la disposition de nos organes fait notre force ou notre faiblesse, et nos actions dépendent en grande partie du cours de nos humeurs. Il a dit plus haut que la sagesse n'était que de l'hypocrisie, que la vertu n'était que de l'amour-propre; il dira plus loin que la fortune gouverne le monde. Que nous laissera-t-il pour nous consoler? nos vices, et sa philosophie.

On n'a que trop, de nos jours, vanté cette influence du tempérament pour nier celle de la vertu. Nos physiologistes croient sérieusement avoir tout expliqué, lorsqu'ils nous apprennent que la férocité de Sylla dépendait d'une *rigidité de fibres*, et la modestie de Fabius d'une *humeur pituiteuse*[1]. Cette découverte

[1] *Art de perfectionner l'homme*, tome II, pages 487 et 490.

est brillante, et sans doute elle est aussi vraie que morale. Mais comment l'appliquer au caractère de Titus, par exemple, qui, avant d'être l'amour du genre humain, faisait dire aux citoyens de Rome, épouvantés de ses cruautés et de ses débauches, qu'il serait un autre Néron? *Denique propalam alium Neronem et opinabantur et prædicabant* [1]. Quel changement s'est donc opéré dans les fibres ou dans les humeurs de cet homme, aujourd'hui cruel, demain vertueux? Un semblable exemple suffirait pour détruire toutes les théories des matérialistes, lors même que nous ne sentirions pas en nous la force de vaincre nos passions, qui n'est que la liberté de choisir entre le vice et la vertu. Il est vrai que cette force morale ne se produit pas tout à coup et d'elle-même, mais qu'il faut y exercer son âme : et ceci prouve encore en notre faveur, car ce n'est pas en formant son corps qu'on devient un être moral, mais en formant sa pensée. Voyez l'absurdité de votre doctrine! Si elle était vraie, il faudrait en conclure que les remèdes de l'âme ne se trouvent ni dans Platon ni dans l'Évangile, mais dans la *Pharmacopée universelle*, ou dans le *Dictionnaire des sciences médicales*. Quelle morale lumineuse que celle où, pour faire de Néron un Socrate, il suffirait d'une ordonnance de médecin!...

[1] Sueton., *Titus*, § VII.

Je sais que les propagateurs de la doctrine de La Rochefoucauld s'appuient des aberrations de la raison humaine, suite du dérangement de quelques organes. Ils triomphent lorsqu'ils ont dit : « Les fous et les imbéciles prouvent pour nous. » Voilà un singulier raisonnement et un singulier triomphe! Ainsi donc, parce qu'une taie s'est formée sur votre œil, vous en concluez que votre œil n'existe pas. Eh bien! moi je conclus que l'âme des fous existe dans le cerveau comme l'œil existe sous la taie; mais elle dort, elle est au cachot. Faites tomber la taie de l'œil, et il reverra la lumière; rétablissez les conditions nécessaires à la vue de l'âme, et sa raison brillera. Au reste, toutes ces erreurs prennent leur source dans une vérité dont les conséquences ont été exagérées : c'est que l'harmonie établie entre le corps et l'âme ne peut être dérangée sans que l'un ou l'autre ne s'en ressente. Mais ceci est un effet purement moral, une prévoyance conservatrice, une voie ouverte à la vertu. Tout excès rompt l'accord de notre double nature, dont la raison est la règle commune. Or, pour en conserver l'harmonie, il n'y a pas deux routes; celle de la vertu est forcée, parce que la vertu seule peut borner les passions de l'âme et refréner les appétits du corps. Les effets opposés de ces passions et de ces appétits offrent d'ailleurs une preuve bien remarquable de ce que nous avons déjà appelé notre double nature. Les plaisirs des sens s'usent avec les sens, ils sont rapides et pleins de retours amers ; tandis que les plaisirs de l'âme, l'étude, la bienfaisance, toutes les vertus enfin, ont d'autant plus de douceur que nous nous y exerçons davantage. Les premiers nous épuisent vite, les seconds accroissent nos forces ; l'abus des uns nous précipite vers la mort, l'usage constant des autres nous fait chérir jusqu'aux maux de la vie, en nous ouvrant un horizon sans bornes dans l'éternité.

XLVIII.

La félicité est dans le goût, et non pas dans les choses ; et c'est par avoir ce qu'on aime qu'on est heureux, et non par avoir ce que les autres trouvent aimable.

Voici une merveilleuse inadvertance. Si la Maxime était juste, elle renverserait de fond en comble le système d'orgueil et de vanité élevé par l'auteur. Malheureusement elle souffre d'assez nombreuses exceptions, et l'on peut, en la retournant, lui donner un sens absolument contraire, et cependant vrai. — Nous nous estimons heureux, non par avoir ce qui nous plaît, mais par avoir ce que les autres trouvent aimable.

L.

Ceux qui croient avoir du mérite, se font un honneur d'être malheureux, pour persuader aux autres et à eux-mêmes qu'ils sont dignes d'être en butte à la fortune.

Cette Maxime a besoin d'être expliquée. On a honte de la mauvaise fortune, parce qu'elle suppose toujours vice ou faiblesse ; mais la persécution donne à ses victimes une importance qui les honore et les console. On ne les plaint pas seulement, on les admire ; et le malheur prend alors le caractère auguste de la vertu. C'est donc à ceux qu'on persécute que s'adresse la Maxime de La Rochefoucauld, et il faut s'étonner que l'aspect même du malheur n'ait pu lui arracher qu'une pensée flétrissante. Il est bien à plaindre celui qui ne voit que de la vanité dans nos douleurs ! Ah ! sans doute un autre sentiment transportait le bon Plutarque, lorsque, tout pénétré d'amour pour la sagesse, enviant jusques aux maux qui l'honorent, il s'écriait : « Ne redoutons ni le bannissement d'Aris-
« tide, ni la prison d'Anaxagore, ni la pauvreté de
« Socrate, ni la condamnation de Phocion, ains re-
« putons avec tout cela leur vertu aimable et desirable,
« et courons droit à elle pour l'embrasser, ayant tous-
« jours en la bouche, à chacun de leurs accidents, ce
« beau vers d'Euripide

Que tout sied bien à un cœur généreux [1] ! »

[1] PLUTARQUE, *Sur les progrès dans la vertu*.

LV.

La haine pour les favoris n'est autre chose que l'amour de la faveur. Le dépit de ne la pas posséder se console et s'adoucit par le mépris que l'on témoigne de ceux qui la possèdent; et nous leur refusons nos hommages, ne pouvant pas leur ôter ce qui leur attire ceux de tout le monde.

Que la haine de La Rochefoucauld ou du cardinal de Retz pour Mazarin ne soit que l'amour de la faveur, je veux le croire, et la guerre de la Fronde en est une preuve bien déplorable : ce fut la guerre des courtisans; mais que, placés dans la même situation, Sully, L'Hôpital, Fénelon, se fussent livrés au même sentiment ; que dans leur intérêt particulier ils eussent troublé le repos général, c'est ce qu'il est permis de révoquer en doute : leur prospérité comme leurs revers ne nous montra que des vertus. Certains hommes, il est vrai, sont esclaves de la faveur ; ils en font une passion que toutes les autres servent. Les flatteurs lassèrent Tibère et Mazarin; ils firent rougir Auguste, et ne purent satisfaire Cromwell. Mais qu'importent ces archives de la bassesse! elles ne sont point l'histoire du genre humain. Il est des âmes indépendantes qui, en présence de nos Séjan et de nos Tibère, n'éprouvaient que l'horreur de leur crime; et la haine de Tacite pour les Pison et les Tigellin ne fut point l'amour de la faveur de Néron.

LXV.

Il n'y a point d'éloges qu'on ne donne à la prudence ; cependant elle ne saurait nous assurer du moindre événement.

Il faudrait conclure de cette Maxime que la prudence est inutile, et s'abandonner à la fortune. Mais si nos désirs étaient toujours justes, la prudence nous tromperait moins. Remarquez d'ailleurs que l'homme donne souvent le nom de prudence à la faiblesse, à la timidité, à la fausseté, et à une foule d'autres passions qui se déguisent pour le tromper. Notre essence est de délibérer; celle de Dieu, de décider. Il tient son conseil à part; et notre prudence est si incertaine, que si nous n'avions la sienne, le genre humain périrait. Au reste, il faut encore remarquer que l'auteur ne considère la prudence que sous un point de vue, ce qui rend sa pensée au moins très-incomplète. La prudence n'est pas seulement un moyen de prévenir les maux, elle est aussi un moyen de les adoucir lorsqu'ils sont arrivés.

LXVII.

La bonne grâce est au corps ce que le bon sens est à l'esprit.

Il semble, par cette Maxime, que le mot *bon sens* signifiait, du temps de l'auteur, quelque chose de plus que du nôtre. Le bon sens s'arrête aux principes grossiers des choses; principes qui échappent souvent aux esprits les plus délicats. A mesure qu'il découvre les principes fins et déliés, qu'il les saisit et qu'il les juge, il change de nom, et prend celui de goût. Le goût est le bon sens des âmes tendres et délicates. C'est peut-être dans cette dernière acception que La Rochefoucauld l'a employé. Il dirait aujourd'hui : « La bonne grâce est au corps ce que le goût est à « l'esprit. »

LXVIII.

Il est difficile de définir l'amour : ce qu'on en peut dire est que, dans l'âme, c'est une passion de régner; dans les esprits, c'est une sympathie ; et dans le corps, ce n'est qu'une envie cachée et délicate de posséder ce que l'on aime, après beaucoup de mystères.

Maxime de l'école de Ninon; dites de la galanterie tout ce que l'auteur dit de l'amour, et la pensée sera vraie. Le véritable amour, loin d'être une passion de régner, compose son bonheur du bonheur de l'objet aimé. Un perpétuel désir de plaire l'entretient dans un doute modeste qui adoucit toutes ses volontés. Heureux de se dévouer, l'amour emprunte ses plus doux charmes de l'innocence et de la vertu; il ne vit que par elles, et pas plus qu'elles : aussi n'est-il jamais si vif et si pur qu'au sortir de l'enfance; c'est alors qu'il semble donner à notre âme des ailes qui l'élèvent vers la Divinité. Toutes les autres passions cherchent leurs jouissances dans les choses de la terre, celle-ci ne s'attache qu'aux choses du ciel. Ce n'est pas la beauté physique qu'on regrette dans les objets qu'on a perdus, mais la douceur, la générosité, la sagesse, ou quelques autres beautés morales. Ce ne sont pas les plus belles femmes qui inspirent les plus violentes passions, mais celles qui possèdent des vertus dans un degré éminent, comme la bonté, la bienfaisance, la naïveté, qui suppose l'innocence. Voilà ce qu'on aime, et ce qui ne meurt pas. Cette esquisse des effets du véritable amour nous dispense de répondre à la dernière partie de la pensée de La Rochefoucauld. « Je ne crois pas, disait madame de Sévigné en parlant de cet écrivain, *que ce qui s'appelle amoureux il l'ait jamais été.* » En effet, définir l'amour comme Lucrèce, c'est déclarer qu'on ne le connaît pas.

LXXVIII.

L'amour de la justice n'est, en la plupart des hommes, que la crainte de souffrir l'injustice.

La justice est, comme la vérité, le premier besoin de la conscience. Elle naît avec nous, c'est le sentiment le plus énergique de la jeunesse, et celui qu'il est le plus facile de blesser. Il lui est aussi naturel que l'amour; mais à mesure que nous avançons dans la vie, il cesse d'être une inspiration, et devient une vertu. C'est ainsi qu'il s'échappe de notre âme, d'abord sans aucun retour sur nous-mêmes ; ensuite avec la crainte de souffrir l'injustice, qui n'est que le fruit de l'expérience. Il faut donc se garder de confondre le mouvement de la nature avec le mouvement de la réflexion. L'une produit les actions généreuses, l'autre produit la loi qui empêche les actions injustes. Dans le premier, je vois l'homme œuvre de Dieu ; dans le second, je vois l'homme œuvre de la société, et ce sont ces nuances délicates que l'ouvrage de La Rochefoucauld tend toujours à nous faire oublier.

Le règne de saint Louis, de ce bon roi *droicturier*, comme l'appelait son peuple, offre les exemples les plus sublimes de cet amour de la justice, qui n'est que l'inspiration du cœur. La volonté d'être juste en fit un grand roi ; elle ne l'abandonna pas même au lit de mort, et il voulut la léguer à son fils dans ces paroles, qu'il est impossible de lire sans reconnaissance et sans admiration : « Cher fils, s'il advient qu'il y
« ait aucune querelle d'aucun pauvre contre aucun
« riche, *soustiens plus le pauvre que le riche*, jusques
« à tant que tu en saches la verité ; et *quand tu enten-*
« *dras la verité, fais le droict.* Et s'il advient que tu
« ayes querelle en contre aucun autrui, soustiens la
« querelle de l'estranger devant ton conseil, et ne fais
« pas *semblant d'aimer trop la querelle* jusqu'à ce que
« tu cognoisses la verité. Et si tu entends dire que tu
« tiennes rien à tort, tantost le rends, combien que la

« chose soit grand. Et combien oncques que tu oyes
« dire que tes ancesseurs ayent rendu, mets-toi tous-
« jours *en peine savoir si rien y a encore à rendre*[1]. »

LXXXI.

Nous ne pouvons rien aimer que par rapport à nous, et nous ne faisons que suivre notre goût et notre plaisir, quand nous préférons nos amis à nous-mêmes ; c'est néanmoins par cette préférence seule que l'amitié peut être vraie et parfaite.

Ici l'auteur change de système, et l'amour de soi prend la place de l'égoïsme et de la vanité. Nous avons déjà remarqué cette confusion de principes, en établissant que l'amour de soi peut entrer dans les actions vertueuses. Mais quel est le but de cette maxime? La Rochefoucauld pensait-il avilir l'amitié? L'erreur serait étrange; dire *que nous ne faisons que suivre notre plaisir lorsque nous préférons nos amis à nous-mêmes*, c'est donner à l'amitié le caractère de la plus haute vertu. Que le mot *plaisir* soit employé à dessein de rabaisser le sentiment qu'il exprime, qu'importe, puisque le sentiment existe et qu'on ne peut le nier? L'oubli de nos intérêts, celui de notre vie en faveur d'un ami sera donc, si l'on veut, un plaisir; mais ce sera un plaisir héroïque, tel que les plus belles âmes s'honoreront de l'éprouver. Cette

---

[1] Préceptes de saint Louis à Philippe III son fils, tirés des registres de la chambre des comptes.

maxime nous paraît en opposition avec les idées habituelles de l'auteur; et c'est une chose singulière que, dans un livre si court, il lui soit échappé plusieurs aveux qui détruisent son système. Mais il ne tardera pas à se repentir de celui-ci, et à calomnier ce qu'il vient de consacrer involontairement. Nous allons le voir nier froidement l'amitié et l'amour, et s'efforcer de nous isoler ; ce qui n'aurait d'autre résultat que de nous rendre méchants, car celui qui est bon a encore besoin de l'amour et de l'amitié pour rester bon.

LXXXII.

La réconciliation avec nos ennemis n'est qu'un désir de rendre notre condition meilleure, une lassitude de la guerre, et une crainte de quelque mauvais événement.

Ainsi se termina cette fameuse guerre de la Fronde, qui, après avoir trompé et lassé tous ses partisans, les laissa dans une éternelle disgrâce[1]. Le duc de La Rochefoucauld, qui s'était jeté dans cette guerre par intérêt, souhaita la paix dès que des blessures graves et ses maisons rasées[2] lui eurent appris à craindre de plus tristes événements. D'un autre côté, la reine, qui s'était montrée ingrate envers des amis trop ambitieux, ne cessait d'éprouver l'amertume de leur ressentiment. « Je voudrais, disait-elle, je voudrais qu'il fût toujours nuit,

---

[1] *Mémoires de madame de Motteville,* tome I, page 140.
[2] *Ibid.,* tome IV, page 211.

parce que dans le jour je ne vois que des gens qui me trahissent¹. » Dès lors la paix devint plus facile entre les deux partis, également fatigués. On peut donc, en appliquant à cette époque la pensée de La Rochefoucauld, dire que la cour et les frondeurs ne se réconcilièrent que par lassitude de la guerre, par crainte de quelques mauvais événements, et avec le désir de rendre leur condition meilleure. C'est ainsi qu'en suivant chaque maxime, on pourrait en trouver la lumière dans l'histoire du temps.

LXXXIII.

Ce que les hommes ont nommé amitié, n'est qu'une société, qu'un ménagement réciproque d'intérêts et qu'un échange de bons offices; ce n'est enfin qu'un commerce où l'amour-propre se propose toujours quelque chose à gagner.

Ce ne sont point des questions frivoles que nous avons à décider; il s'agit de savoir si la vertu existe ou n'existe pas : justice, clémence, modération, modestie, La Rochefoucauld nous ravit tout : comment nous laisserait-il un ami? En effet, l'anéantissement de l'amitié était une conséquence nécessaire de l'anéantissement de toutes les vertus, puisque l'amitié ne peut exister qu'entre les hommes vertueux. La vertu, dit énergiquement un vieil auteur en parlant des amis,

---

¹ *Mémoires de madame de Motteville*, tome IV, page 60.

la vertu est l'outil avec lequel on les fait[1]. Mais une fois le système de La Rochefoucauld détruit, la conséquence opposée nous reste, et nous disons : L'amitié existe, parce qu'il est des âmes vertueuses. Dira-t-on que l'auteur des Maximes n'a pas nié l'existence de l'amitié? je réponds : L'amitié se compose d'actes de dévouement, et vous la composez d'actes d'amour-propre et d'intérêt; je puis donc en conclure qu'elle n'existe pas pour vous. Que dans un certain monde l'amitié soit un commerce de politique et de bienséance, où l'on s'oblige par honneur et par intérêt, je le crois; mais n'est-elle jamais que cela? voilà la question. Si vous me répondez, Elle n'est jamais que cela; je vous demande alors ce que vous comprenez de la dernière pensée du pauvre Eudamidas, lorsque, près d'expirer, il léguait sa mère et sa fille à ses deux amis? Je vous supplie de me dire quel sentiment pénétrait l'âme de Dubreuil, lorsque sur son lit de mort il disait à Pehmeja : *Mon ami, pourquoi tout ce monde dans ma chambre? Il ne devrait y avoir que vous ; ma maladie est contagieuse...* Que m'importe? dites-vous ; ce sont des exceptions. J'attendais cette dernière parole. Eh bien! j'ose l'affirmer, n'y eût-il qu'une exception à votre déplorable système, seule elle serait la vérité, seule elle serait l'image de l'homme au milieu des êtres

[1] Du Vair, *Traité de la Consolation*, livre I.

corrompus, le trait de lumière à travers les ténèbres ; j'y verrais le genre humain tout entier. La vertu est naturelle, c'est le vice qui ne l'est pas : elle naît avec nous sous le nom d'innocence; il vient avec l'âge, la corruption et l'avilissement. Le vice, si l'on peut s'exprimer ainsi, nous est ajouté; loin d'être l'ordre de la nature, il ne fait que le détruire; et, au milieu de toutes les iniquités du monde, il suffirait d'un sentiment généreux pour nous révéler ce que nous sommes, et nous apprendre ce que nous devrions être.

LXXXVI.

Notre défiance justifie la tromperie d'autrui.

Maxime qui pourrait entrer dans le code des fripons vulgaires, quoiqu'elle semble dérobée à la haute politique du temps, mais qu'on s'étonne de trouver dans un traité de morale.

LXXXVII.

Les hommes ne vivraient pas longtemps en société, s'ils n'étaient les dupes les uns des autres.

Si les hommes étaient assez éclairés pour n'être jamais dupes, la vérité, qui est le plus grand des biens, loin de briser le nœud qui les unit, le resserrerait encore, en leur montrant combien ils ont besoin les uns des autres.

XC.

Nous plaisons plus souvent dans le commerce de la vie par nos défauts que par nos bonnes qualités.

Ceci ne veut pas dire, sans doute, que l'avarice sait mieux plaire que la générosité, la colère que la douceur, la paresse que l'activité, et la débauche que la sagesse : une pareille assertion serait absurde. Mais, dites-vous, le vice peut se donner des apparences aimables, et il est des défauts qui déparent la vertu. J'entends! il y a des fripons polis et d'honnêtes gens incivils; et dans les uns vous estimez la politesse; dans les autres, vous blâmez la grossièreté. Cela est juste. Ainsi, même à vos yeux, ce n'est pas le vice qui charme, c'est la qualité qui le cache; ce n'est pas la vertu qui éloigne, c'est le défaut qui la gâte. L'homme vicieux vous plaît par une qualité d'honnête homme, et l'honnête homme vous déplaît par un défaut d'homme vicieux. Pour être vrai, voilà tout ce qu'il fallait dire; mais est-il bien sûr que l'auteur n'ait voulu dire que cela? (*Voyez* les notes des Maximes 155 et 251.)

XCIII.

Les vieillards aiment à donner de bons préceptes, pour se consoler de n'être plus en état de donner de mauvais exemples.

Maxime qui flétrirait l'humanité, si elle n'était démentie par l'expérience. Les empreintes que laisse le vice ne s'effacent que par le repentir, et il est plus rare qu'on ne pense de voir de bons préceptes sortir d'une âme corrompue. Celui qui a dégradé sa vie et qui ne se relève pas, ne saurait parler dignement de la vertu et le vice, qui a pénétré jusqu'à la moelle de ses os, le condamne à donner toujours de tristes exemples. Mais Dieu a voulu que nous apprissions quelque chose du temps et du malheur; il a voulu aussi que tous les hommes ne flétrissent pas leur jeunesse, afin que parmi nous il se trouvât des vieillards qui eussent acquis le droit de calmer dans les autres les passions qu'ils avaient vaincues dans eux-mêmes. Comme des dieux tutélaires, impuissants pour le mal, ils nous montrent jusqu'au terme que la vertu a des grâces que rien ne saurait effacer. C'est ainsi que vous quittâtes la terre, vénérable Sully, divin Fénelon ! et toi aussi, ô mon maître, lorsque, déjà penché vers la tombe, tu répandais autour de toi la persuasion et la sagesse qui respirent dans tes ouvrages, avec l'amour du genre humain et celui de la Divinité !

XCV.

La marque d'un mérite extraordinaire est de voir que ceux qui l'envient le plus, sont contraints de le louer.

Montesquieu s'est saisi de cette pensée dans son fameux Dialogue d'Eucrate et de Sylla, et l'a mise en action de manière qu'elle forme presque seule la poli-

tique profonde du dictateur romain. Ce n'est point un faible éloge de La Rochefoucauld que de montrer dans ces deux lignes le type d'une des plus belles pages de notre langue; mais, pour que rien ne manque à cet éloge, nous citerons ce passage; c'est Sylla qui parle :
« J'allais faire la guerre à Mithridate, et je crus dé-
« truire Marius à force de vaincre l'ennemi de Marius.
« Pendant que je laissais ce Romain jouir de son pouvoir
« sur la populace, je multipliais ses mortifications,
« et je le forçais tous les jours d'aller rendre grâce aux
« dieux des succès dont je le désespérais. Je lui faisais
« une guerre de réputation, plus cruelle cent fois que
« celle que mes légions faisaient au roi barbare. Il ne
« sortait pas un seul mot de ma bouche qui ne mar-
« quât mon audace; et mes moindres actions, toujours
« superbes, étaient pour Marius de funestes présages.
« Enfin, Mithridate demanda la paix; les conditions
« étaient raisonnables; et si Rome avait été tranquille,
« ou si ma fortune n'avait pas été chancelante, je les
« aurais acceptées. Mais le mauvais état de mes af-
« faires m'obligea de les rendre plus dures; j'exigeai
« qu'il détruisît sa flotte, et qu'il rendît aux rois ses
« voisins tous les États dont il les avait dépouillés. Je
« te laisse, lui dis-je, le royaume de tes pères, à toi qui
« devrais me remercier de ce que je te laisse la main
« avec laquelle tu as signé l'ordre de faire mourir, en
« un jour, cent mille Romains. Mithridate resta immo-

« bile, et Marius, au milieu de Rome, en trembla! » Qu'on relise la maxime de La Rochefoucauld, et l'on verra qu'elle est tout entière dans ce passage. Il a dit : Voici la marque d'un génie extraordinaire ; Montesquieu a tracé le caractère, et lui a donné le mouvement.

XCVI.

Tel homme est ingrat, qui est moins coupable de son ingratitude que celui qui lui a fait du bien.

Quelle que soit la cause de l'ingratitude, elle ne peut excuser les ingrats. (*Voyez* la note de la Maxime 223.)

XCVIII.

Chacun dit du bien de son cœur, et personne n'en ose dire de son esprit.

Cette Maxime est généralement vraie ; mais l'auteur s'est plu à la contredire dans le portrait qu'il a tracé de lui-même : « J'ai de l'esprit, dit-il, j'écris bien en prose, je fais bien les vers, et je suis peu sensible à la pitié! » On ne peut dire plus de bien de son esprit, ni médire plus franchement de son cœur.

CII.

L'esprit est toujours la dupe du cœur.

Faible imitation de cette grande pensée de l'Écriture : *Toute folie vient du cœur* c'est-à-dire de la déviation de nos sentiments. L'esprit juge seul de la convenance des choses de la vie ; le cœur a seul la conscience de ce qui est au delà ; c'est lui qui aime, c'est lui qui croit. Mais si, venant à s'égarer, il s'attache à des intérêts purement matériels, au lieu de se porter vers les biens célestes qu'il est appelé à connaître, aussitôt le voilà en proie aux folles agitations, aux ambitieux désirs, à tous les vices, à toutes les passions qui éteignent la vertu ; il égare l'esprit, il le trompe, il lui donne sa folie, et, pour parler le langage de La Rochefoucauld, il le fait sa dupe.

En résumé, il est vrai de dire que tout l'esprit qui est au monde devient inutile à l'homme qui a des passions, et point de volonté pour les combattre.

Cette Maxime a exercé la sagacité des amis de La Rochefoucauld ; madame de Schomberg en a donné une explication ingénieuse que nous rapporterons ici. « Je ne sais, écrivait-elle à l'auteur, si vous l'en-
« tendez comme moi ; mais je l'entends, ce me
« semble, bien joliment, et voici comment : C'est que
« l'esprit croit toujours, par son habileté et par ses
« raisonnements, faire faire au cœur ce qu'il veut ;
« mais il se trompe, il en est la dupe ; c'est toujours
« le cœur qui fait agir l'esprit ; l'on sert tous ses mou-
« vements, malgré que l'on en ait, et l'on les suit,
« même sans croire les suivre. » Terminons, en faisant remarquer au moins une exception à cette

règle générale. La vanité est aveugle et rend crédule, et il arrive assez souvent, soit qu'on aime, soit qu'on n'aime pas, qu'une louange délicate rend le cœur dupe de l'esprit.

CXXIV.

Les plus habiles affectent toute leur vie de blâmer les finesses, pour s'en servir en quelque grande occasion et pour quelque grand intérêt.

L'auteur dit avec plus de justesse, quelques lignes plus loin : « Les finesses et les trahisons ne viennent que du manque d'habileté. »

CXXVII.

Le vrai moyen d'être trompé, c'est de se croire plus fin que les autres.

La Rochefoucauld en a dit la raison dans cette autre pensée : « On peut être plus fin qu'un autre, mais non plus fin que tous les autres. »

CXXXI.

Le moindre défaut des femmes qui se sont abandonnées à faire l'amour, c'est de faire l'amour.

J.-J. Rousseau a dit quelque part qu'il n'aurait voulu de Ninon ni pour maîtresse ni pour amie. Sans doute il avait appris de la Maxime de La Rochefoucauld, ce que La Rochefoucauld lui-même avait appris de l'expérience et de Ninon.

CXXXIV.

On n'est jamais si ridicule par les qualités que l'on a, que par celles que l'on affecte d'avoir.

La Rochefoucauld était l'homme le plus poli et le plus ami des bienséances[1]. Il détestait l'affectation, et ce genre de travers lui a paru si ridicule qu'il l'a critiqué dans cinq Maximes[2]. Mais il trouvait aussi tant de charme à la vertu opposée, que, pour l'exprimer, il a enrichi notre langue d'une locution nouvelle. Dire d'une personne *qu'elle est vraie*[3], c'est faire entendre qu'elle est simple et naturelle. La Rochefoucauld trouva cette heureuse expression pour louer et peindre en même temps le caractère de madame de La Fayette.

CXL.

Un homme d'esprit serait souvent bien embarrassé sans la compagnie des sots.

Vauvenargues en a dit la raison dans cette autre Maxime : « Les gens d'esprit seraient presque seuls, sans les sots qui s'en piquent. »

---

[1] *Mémoires de Segrais*, p. 22.
[2] Dans les Maximes 133, 134, 372, 431, 457.
[3] *Mémoires de Segrais*, p. 36.

CXLIII.

C'est plutôt par l'estime de nos propres sentiments que nous exagérons les bonnes qualités des autres, que par l'estime de leur mérite ; et nous voulons nous attirer des louanges, lorsqu'il semble que nous leur en donnons.

Il y a dans cette Maxime plus de subtilité d'esprit que de véritable observation. On loue par surprise, par ignorance, par admiration, par persuasion ; on loue sans intérêt des princes qu'on n'a jamais vus, des sages, des savants, des héros, qu'on ne saurait ni juger ni envier, mais qui plaisent, mais qu'on aime, mais qu'on admire ; on loue enfin une belle action parce qu'elle touche, un bon mot parce qu'il amuse ; et la louange part plus souvent d'une satisfaction qu'on éprouve, que de l'espérance d'une louange qu'on voudrait recevoir.

CLI.

Il est plus difficile de s'empêcher d'être gouverné, que de gouverner les autres.

Thémistocle, montrant son fils, disait que c'était le plus puissant homme de la Grèce : « Pour ce que « les Atheniens commandent au demourant de la « Grece, je commande aux Atheniens, sa mere à « moi, et lui à sa mere[1]. »

[1] Plutarque, *Apophthegmes des Rois et Capitaines*, § XL.

CLV.

Il y a des gens dégoûtants avec du mérite, et d'autres qui plaisent avec des défauts.

Vérité commune, présentée d'une manière piquante mais insidieuse ; car s'il est certain que ce n'est pas le mérite qui dégoûte, et que ce ne sont pas les défauts qui plaisent, il fallait le dire ; mais l'auteur n'avait d'autre but que de peindre un travers de société. Ceci n'est donc point une Maxime de morale, c'est une de ces observations de mœurs qu'il jette de temps à autre au milieu de son livre, comme pour dérouter son lecteur ; et il suffit, pour s'en convaincre, de lire la Maxime 273, qui est le développement nécessaire de celle-ci. (*Voyez* les notes des Maximes 90 et 251.)

CLVII.

La gloire des grands hommes se doit toujours mesurer aux moyens dont ils se sont servis pour l'acquérir.

Cette pensée sera juste quand les hommes n'attacheront la gloire qu'aux actions vertueuses. Montesquieu a dit : « Le despote ne saurait donner une gran-
« deur qu'il n'a pas lui-même ; chez lui il n'y a point
« de gloire[1]. » Il faudrait pouvoir dire de tous ceux qui font le mal avec la puissance du génie : Chez eux il n'y a point de gloire !

[1] *Esprit des Lois*, livre V, chap. XII.

CLXIV.

Il est plus facile de paraître digne des emplois qu'on n'a pas, que de ceux que l'on exerce.

Dans les premières éditions l'auteur disait : « Il y a « des gens qui paraissent mériter certains emplois, « dont ils font voir eux-mêmes qu'ils sont indignes. » D'après une remarque de Segrais, cette Maxime fut faite à l'occasion de madame de Montausier, à qui la cour fit oublier tous ses anciens amis. La tournure de la pensée, telle que l'auteur l'a refaite, paraît empruntée de Tacite, qui disait, en parlant d'un empereur romain : « Il eût paru digne de l'empire, s'il n'avait jamais régné. »

CLXVIII.

L'espérance, toute trompeuse qu'elle est, sert au moins à nous mener à la fin de la vie par un chemin agréable.

L'espérance qui nous console, celle qui nous rend plus prompt à entreprendre les choses belles et louables, ne nous trompe pas, car elle donne force, courage, vertu; c'est tout ce qu'elle promet. Mais l'espérance qui nous arrache sans cesse au présent pour nous jeter dans un avenir lointain et incertain, celle qui accroît nos désirs, irrite nos vices, flatte nos passions, doit toujours être déçue, car elle promet le bonheur qu'elle ne peut nous donner : c'est une ambition déguisée qui augmente sa convoitise de tout ce qu'elle reçoit. Alexandre distribue ses trésors à son armée, et ne se réserve que l'espérance : espérance orgueilleuse et trompeuse, que la conquête du monde entier ne put assouvir.

CLXX.

Il est difficile de juger si un procédé net, sincère et honnête, est un effet de probité ou d'habileté.

Oui ; mais aussi c'est être véritablement habile que d'être honnête et sincère. Ce qui nous est demandé par la vertu nous eût été commandé par notre intérêt.

CLXXIII.

Il y a diverses sortes de curiosité : l'une d'intérêt, qui nous porte à désirer d'apprendre ce qui nous peut être utile ; et l'autre d'orgueil, qui vient du désir de savoir ce que les autres ignorent.

Ce n'est ni l'intérêt, ni l'orgueil, qui inspirent la curiosité du génie. Dieu mit dans notre âme le besoin de la vérité, et un sentiment d'amour pour arriver à elle. Que Pythagore sacrifie une hécatombe après la découverte du carré de l'hypothénuse ; qu'Archimède s'élance du bain et coure dans les rues de Syracuse, heureux de pouvoir reconnaître la quantité d'or que renferme la couronne du roi Hiéron ; qu'assis au sommet du cap Sunium, Platon s'exalte par la contemplation des choses morales et divines : la curiosité qui éveille leur âme, la volupté qui les pénètre, ont une autre origine que l'orgueil ou l'intérêt. De pareils ravissements ne peuvent être donnés par le vice! Sans doute ces vérités n'étaient point inconnues à La Rochefoucauld, seulement il n'entrait pas dans son plan de les dire : mais puisqu'il ne sondait le cœur humain que pour en dévoiler les faiblesses, pourquoi n'a-t-il pas parlé de cette autre sorte de curiosité que Plutarque définissait un désir de savoir les *tares et imperfections d'autrui, qui est un vice ordinairement conjoinct avec envie et malignité*[1]?

CLXXVII.

La persévérance n'est digne ni de blâme ni de louange, parce qu'elle n'est que la durée des goûts et des sentiments, qu'on ne s'ôte et qu'on ne se donne point.

Quel jugement porteriez-vous d'un moraliste qui viendrait vous dire : « Le vice n'a rien d'odieux, la vertu n'a rien de louable; les crimes de Sylla, la sagesse de Caton, choses égales, choses indifférentes, qui ne méritent ni blâme ni louange, car elles furent l'effet d'un pouvoir que l'homme ne peut changer? » Telle est cependant la traduction littérale de la Maxime de La Rochefoucauld. D'un mot il anéantit la conscience, la raison et la liberté. Il dit à l'homme vicieux : Tu n'es pas coupable; à l'homme vertueux : Tes actions sont sans mérite; à ceux qui furent grands par la sagesse, et qui ne reçurent de leurs siècles d'autres

---

[1] PLUTARQUE, *de la Curiosité.*

récompenses que le mépris et la mort, Vous ne fîtes point de sacrifices ; et à Socrate, qui, pour acquérir la vertu, fut obligé de vaincre tous ses penchants, de maîtriser toutes ses passions : Tu n'eus point de volonté !

CLXXXII.

Les vices entrent dans la composition des vertus, comme les poisons entrent dans la composition des remèdes. La prudence les assemble et les tempère, et elle s'en sert utilement contre les maux de la vie.

Les vices n'entrent point dans la composition de la vertu, car ils ne pourraient y entrer sans la détruire ; mais il est quelquefois dans les actions les plus criminelles un certain mélange de sentiments nobles et généreux, ce qui explique l'éblouissement du vulgaire. « Lorsque les vices vont au bien, dit Vau-
« venargues, c'est qu'ils sont mêlés de quelques ver-
« tus, de patience, de tempérance, de courage ou de
« modération. »

CLXXXIII.

Il faut demeurer d'accord, à l'honneur de la vertu, que les plus grands malheurs des hommes sont ceux où ils tombent par les crimes.

Qui méditerait utilement cette grande vérité, serait en état de réfuter souvent l'auteur des Maximes. On sent qu'il redevient homme toutes les fois qu'il sort de son siècle.

CLXXXV.

Il y a des héros en mal comme en bien.

L'auteur a pris soin de se réfuter lui-même, en disant : « Quelque éclatante que soit une action, elle « ne doit pas passer pour grande lorsqu'elle n'est pas « l'effet d'un grand dessein. » (Maxime 160.)

CXCI.

On peut dire que les vices nous attendent dans le cours de la vie, comme des hôtes chez qui il faut successivement loger ; et je doute que l'expérience nous les fît éviter, s'il nous était permis de faire deux fois le même chemin.

Les passions sont inconstantes, le vice ne l'est pas ; il croît, au contraire, avec le temps, qui est le grand remède des premières. « C'est un fascheux compagnon, « dit Plutarque ; il n'y a point de divorce avec lui. « Il adhere aux entrailles de celui dont il s'est emparé, « lui demeurant attaché jour et nuict [1]. » Pour bien entendre la pensée de La Rochefoucauld, il faut donc substituer le mot passion au mot vice. C'est ainsi que l'esprit de système dénature tout, fait tout confondre ; car c'est l'usage des passions, et non les passions elles-mêmes, qui fait le vice ou la vertu. L'expérience qui nous apprendrait à éviter nos passions au lieu de nous apprendre à en faire un bon usage,

---

[1] PLUTARQUE, du Vice et de la Vertu.

nous ôterait par cela seul tous vices et toutes vertus : elle effacerait l'homme. Mais si, en naissant, il nous était donné de choisir entre les résultats de la vertu et ceux du vice, nous choisirions évidemment la vertu, car nous voulons être heureux, et le vice rend misérable. « C'est, dit encore Plutarque, une chose in-
« fructueuse, stérile et ingrate. Ceux qui s'y aban-
« donnent n'ont besoin d'aucun dieu ni d'aucun
« homme qui les punissent. Leur vie suffit assez,
« estant travaillée de toute meschanceté [1]. »

CC.

La vertu n'irait pas si loin, si la vanité ne lui tenait compagnie.

Comment la vanité donnerait-elle la puissance des grandes choses, elle qui rapetisse tous les nobles sentiments qu'elle n'étouffe pas? Ce qui abaisse l'homme l'élèvera-t-il? et, pour aller *bien loin* dans le sentier de la vertu, faudra-t-il nous y laisser conduire par le vice? Heureusement pour l'humanité, tout est faux dans ce système; il suffit de le mettre à nu pour le réfuter. C'est dans les inspirations de notre cœur qu'il faut chercher le mobile des actions qui l'honorent. Amour de la patrie, amour maternel, amour de Dieu et des hommes, voilà ce qui fait les actions sublimes. Et quel autre sentiment eût pu vous conduire aux

[1] PLUTARQUE, *des Délais de la Justice divine*, §§ 22, 23.

Thermopyles, noble Léonidas? Et toi, généreux Régulus, quel autre sentiment eût pu te ramener à Carthage? Ah! lorsque la France vit tomber le brave d'Assas sous le fer qu'il pouvait détourner, lorsqu'elle vit Rotrou courir au-devant de la mort qui l'attendait dans sa patrie, l'évêque de Belzunce et le chevalier Rose au milieu des pestiférés de Marseille, elle donna à leur vertu d'autres compagnons que l'orgueil et la vanité : elle les récompensa par une reconnaissance qui n'était point une envie de recevoir de plus grands bienfaits [1].

CCV.

L'honnêteté des femmes est souvent l'amour de leur réputation et de leur repos.

L'innocence et l'amour du devoir composent l'honnêteté des femmes. Pour être sages et heureuses, il faut qu'elles ignorent le mal, et qu'elles vivent obscures et aimées. Celles qui, avec de la beauté, conservent dans le monde une vertu sans tache, méritent d'être honorées; car l'amour de la réputation et du repos ne fera jamais une femme sage, si elle n'y joint l'amour de la vertu.

[1] Maximes 223 et 298.

CCXI.

Il y a des gens qui ressemblent aux vaudevilles, qu'on ne chante qu'un certain temps.

L'auteur reproduit cette pensée dans la Maxime 291. (*Voyez* la note de cette Maxime.)

CCXVIII.

L'hypocrisie est un hommage que le vice rend à la vertu.

« Oui, comme celui des assassins de César, qui se prosternaient à ses pieds pour l'égorger plus sûrement. Cette pensée, pour être brillante, n'en est pas plus juste. Dira-t-on jamais d'un filou qui prend la livrée d'une maison pour faire son coup plus commodément, qu'il rend hommage au maître de la maison qu'il vole? Non : couvrir sa méchanceté du dangereux manteau de l'hypocrisie, ce n'est point honorer la vertu, c'est l'outrager en profanant ses enseignes; c'est ajouter la lâcheté et la fourberie à tous les autres vices ; c'est se fermer pour jamais tout retour vers la probité[1]. » Telle est la réponse foudroyante de J.-J. Rousseau à cette Maxime. Mais il lui est arrivé ce qui arrive presque toujours aux adversaires de La Rochefoucauld : pendant qu'on l'attaque d'un côté, il s'échappe de l'autre. En effet, J.-J. Rousseau semble n'avoir pas embrassé la pensée tout entière. Lorsque le vice imite la vertu,

---

[1] J.-J. ROUSSEAU, *Réponse au Roi de Pologne.*

ce ne peut être que par intérêt : or, imiter la vertu par intérêt, c'est prouver que la vertu est bonne ; et prouver que la vertu est bonne, c'est lui rendre hommage. Sous ce rapport, la pensée de La Rochefoucauld est juste, et il semble que Vauvenargues n'ait fait que la traduire, lorsqu'il a dit : « L'utilité de « la vertu est si manifeste, que les méchants la pra- « tiquent par intérêt. »

CCXXIII.

Il est de la reconnaissance comme de la bonne foi des marchands ; elle entretient le commerce ; et nous ne payons pas parce qu'il est juste de nous acquitter, mais pour trouver plus facilement des gens qui nous prêtent.

Cette comparaison avilissante tend à faire confondre deux choses absolument opposées, l'intérêt pécuniaire, qui est purement matériel, avec une affection de l'âme, qui est purement morale. L'intérêt et la vanité, qui parfois sont les mobiles de nos actions, ne le deviennent jamais de nos sentiments. S'ils l'étaient, les plus grandes reconnaissances devraient naître des plus grands bienfaits. Il n'en va pas ainsi. Le cœur ne calcule point, mais il sait démêler les bienfaits du cœur d'avec ceux qui prennent leur source dans la vanité; il aime tout ce qui encourage à la vertu, et tout ce qui la récompense. Tel soldat, au champ d'honneur, a reçu avec transport une simple épaulette, qui plus tard reçoit avec indifférence le bâton de maréchal.

L'épaulette avait été accordée à son mérite; le bâton de maréchal, au besoin qu'on avait de ses talents, ou à d'autres motifs politiques. La reconnaissance ne s'attache donc point à la valeur du bienfait, mais au sentiment qui l'accorde; elle n'est donc point inspirée par l'intérêt, mais par l'amour. Cette vérité honore le cœur humain, mais elle n'excuse pas les ingrats, quoiqu'elle puisse expliquer bien des ingratitudes; car la reconnaissance n'est pas seulement un sentiment, elle est aussi un devoir. Alors ce n'est plus l'affaire du cœur, c'est celle de la vertu. L'ingratitude embrasse à elle seule tous les vices, et c'est un mot heureux que celui-ci de La Rochefoucauld : « L'orgueil « ne veut pas devoir, et l'amour-propre ne veut pas « payer. » (Maxime 228.) Mais vouloir faire entrer dans la reconnaissance les mêmes vices qui entrent dans l'ingratitude, c'est une contradiction évidente, et que rien ne peut ni excuser ni expliquer, à moins qu'on ne dise encore avec La Rochefoucauld : « Nos « actions sont comme les bouts-rimés que chacun fait « rapporter à ce qu'il lui plaît. »

CCXXXVII.

Nul ne mérite d'être loué de sa bonté, s'il n'a pas la force d'être méchant. Toute autre bonté n'est le plus souvent qu'une paresse ou une impuissance de la volonté.

En opposant le mot *méchant* au mot *bonté*, l'auteur

a sacrifié la vérité de la pensée à l'élégance de la phrase. La dernière partie de la Maxime donne le véritable sens de la première. On ne peut l'entendre qu'ainsi : Nul ne mérite d'être loué de sa bonté, s'il n'a la force d'*être juste*; ou, en d'autres termes, la pitié envers les méchants est une cruauté envers les gens de bien [1]. Il est facile de reconnaître que la Maxime de La Rochefoucauld est encore une critique du caractère d'Anne d'Autriche.

CCXXXVIII.

Il n'est pas si dangereux de faire du mal à la plupart des hommes, que de leur faire trop de bien.

Après avoir établi que nous ne sommes vertueux que par intérêt, l'auteur veut établir qu'il est dans notre intérêt de ne pas l'être. L'enchaînement du système révèle le sens de cette pensée; c'est un prétexte pour suivre le vice, c'est une maxime encourageante pour le crime, et qui semble lui promettre même du repos. Ainsi donc vous trouvez le crime moins dangereux que la vertu, voilà vos principes; ainsi donc il est dans notre intérêt de faire le mal, voilà votre morale. Sans doute le sage qui consacre sa vie au bonheur des hommes, en peut recevoir des outrages; mais celui qui les frappe et les écrase, pensez-vous qu'il soit hors de leur atteinte? Si l'un est persécuté,

---

[1] BERNARDIN DE SAINT-PIERRE, *Études de la Nature*.

l'autre est toujours puni. L'histoire est là pour attester qu'aucun homme n'a jamais triomphé impunément des douleurs des hommes. Vous dites sans doute que cette punition est souvent tardive ; qu'importe, pourvu que justice soit faite ? « Qu'un mechant, dit Plutarque,
« soit puni de son forfait trente ans après qu'il l'a
« commis, est autant comme s'il estoit gehenné ou
« pendu sur l'heure de vespres, et non pas dès le
« matin [1]. » Mais je vais plus loin. S'il est vrai que la victime soit toujours plus heureuse que les persécuteurs, que deviennent vos principes ? Et ici je ne demande d'autre juge que vous-même ; vous prononcerez dans votre propre cause, et c'est une cause où le méchant se condamne ; car, dit encore Plutarque :
« Il n'y a homme de si bas cœur qui n'aimast mieux
« estre Themistocles tout banni, que non pas Leobates,
« celui qui le fist bannir ; et Ciceron qui fut deschassé,
« que non pas Clodius qui le chassa ; ou Timothée,
« qui fut contraint d'abandonner son pays, qu'Aristo-
« phon son accusateur ; ou Socrate mourant, qu'Auytus
« qui le fist mourir [2]. » Il est donc moins dangereux de faire du bien aux hommes que de leur faire du mal. L'histoire l'atteste, la conscience l'atteste, et toutes deux parlent comme l'Écriture : « La mé-

---

[1] PLUTARQUE, *des Délais de la Justice divine.*
[2] ID., *du Bannissement.*

« chanceté ne sauvera point celui qui est méchant[1]. »

CCXLVII.

La fidélité qui paraît en la plupart des hommes n'est qu'une invention de l'amour-propre, pour attirer la confiance ; c'est un moyen de nous élever au-dessus des autres, et de nous rendre dépositaires des choses les plus importantes.

Avec une semblable idée de la fidélité, comment La Rochefoucauld a-t-il pu se plaindre de l'ingratitude d'Anne d'Autriche? Cette reine ne pouvait-elle pas lui dire : « *Vous avez été fidèle* à mes intérêts, mais *c'était une invention de votre amour-propre pour attirer ma confiance*, que je ne puis vous donner ; en un mot, je ne dois aucune reconnaissance à une fidélité dont j'ai été le but et non l'objet. » Qu'aurait-il pu répondre? Payer l'amour-propre par l'ingratitude, c'est l'estimer à sa juste valeur : qui adopte les principes doit en supporter les conséquences ; ce sont les fruits de l'arbre, ne le secouez pas si vous craignez leur amertume. Heureusement qu'il est toujours, auprès des vices que La Rochefoucauld décrit, une vertu qu'il oublie. La fidélité n'est point une invention de l'amour-propre, elle est une condition de l'honneur. Dans le monde, on n'excuse l'infidélité que chez les amants ; et quand l'amour est fidèle, on en fait une vertu. Pour être juste, l'auteur devait dire : *La fidélité*

---

[1] *Ecclésiast.*, chap. XIV.

qui paraît en la plupart des courtisans, et non en la plupart des hommes. Quand on a eu le malheur de vivre à la cour, on peut avoir acquis le droit de juger les courtisans, mais non celui de calomnier le genre humain.

CCLI.

Il y a des personnes à qui les défauts siéent bien, et d'autres qui sont disgraciées avec leurs bonnes qualités.

Répétition des Maximes 90, 155 et 273. Ainsi, dans un des ouvrages les plus courts de notre langue, la même pensée se retrouve quatre fois.

CCLIII.

L'intérêt met en œuvre toutes sortes de vertus et de vices.

Répétition de la Maxime 187.

CCLVII.

La gravité est un mystère du corps, inventé pour cacher les défauts de l'esprit.

Il ne peut être question ici que de la gravité affectée. On sait que le duc de La Rochefoucauld voulut avoir sur cette Maxime l'avis de deux personnes d'un caractère bien différent, le grand Arnauld et Ninon de Lenclos : Arnauld approuva la Maxime, Ninon la condamna. Il est malheureux qu'on ne nous ait pas conservé les raisons qui durent appuyer ces deux jugements contraires.

CCLVIII.

Le bon goût vient plus du jugement que de l'esprit.

Pour montrer combien cette Maxime est incomplète, il faut établir les principes.

Il y a deux espèces de goût bien distincts, le goût fondé sur le jugement de l'esprit, et le goût fondé sur le jugement du cœur : l'un est intelligence, l'autre sentiment; l'un s'éclaire par l'étude, l'autre est inspiré par la nature : leur réunion peut seule composer le goût parfait. Ces deux espèces de goût sont distribuées avec une grande inégalité; celui qui vient du cœur et qui s'exerce sur les beautés morales appartient à tous les hommes; et, à cet égard, on ne peut trop admirer la suprême sagesse qui a répandu, avec tant de profusion, les facultés nécessaires à notre existence, et qui ne s'est montrée avare que des talents inutiles à notre bonheur. Ainsi, dans tout ce qui tient au sentiment et à la vertu, notre goût est éclairé par la nature : c'est l'âme qui juge alors, et tous les hommes ont reçu assez de sensibilité pour reconnaître ce qui leur est bon, et pour en porter un jugement. Il n'en est pas de même du goût qui vient de l'intelligence, et qui s'exerce sur les œuvres de l'esprit. Celui-là est plus rare, il n'a été donné qu'à un petit nombre d'hommes, parce qu'il n'était pas utile à tous.

C'est un juge qui analyse les plaisirs, qui y ajoute ou qui en retranche ; c'est un choix plus ou moins délicat, ce n'est jamais une inspiration. Lorsque dans une immense assemblée le vieil Horace prononce le fameux *Qu'il mourût!* l'amour de la patrie, qui pénètre le cœur de ce malheureux père, est compris de la multitude, qui prononce le même jugement, parce qu'elle a ressenti la même émotion. Mais quelle différence dans ce qui tient au goût de l'esprit! A la première représentation du *Misanthrope*, au moment où Oronte consulte Alceste sur ces vers,

> Belle Philis, on désespère
> Alors qu'on espère toujours,

les applaudissements s'élevèrent de toutes les parties de la salle, et le public trouva charmant le sonnet que Molière lui présentait comme un modèle de ridicule. La foule ne se serait pas méprise ainsi sur des beautés morales ou héroïques. L'âme de Corneille pouvait élever l'âme de ses auditeurs; elle était sûre d'y trouver des sentiments que son génie savait réveiller; mais il fallait plus de temps à Molière pour éclairer l'intelligence du public, former son goût, instruire son esprit. Il résulte des principes que nous avons établis, que les jugements du cœur et ceux de l'esprit n'étant que les conséquences des impressions reçues, ils seront d'autant plus profonds que l'un aura plus de sensibilité, et l'autre plus de lumière.

Cette division entre le goût qui vient de la sensibilité et le goût qui vient de l'intelligence, jette une grande lumière sur les divers jugements que nous portons des mêmes choses aux divers âges de la vie. Dans la jeunesse on prend facilement l'exagération pour de la grandeur, l'affectation pour de l'esprit, la hauteur pour de la noblesse. C'est ainsi qu'on préfère d'abord Sénèque à Cicéron, Lucain à Virgile, Ovide à Horace, parce que l'expérience et l'étude peuvent seules nous apprendre à connaître l'opposition qui règne entre ces prétendues beautés et la nature. Aussi voit-on nos jugements changer à mesure que le goût de l'intelligence se perfectionne : alors on rentre dans la vérité.

> J'étais pour Ovide à vingt ans,
> Je suis pour Horace à quarante,

a dit un poëte; et, en parlant ainsi, il faisait l'histoire complète du goût.

Revenant donc à la Maxime de La Rochefoucauld, nous conclurons de nos observations que le goût parfait ne vient pas plus du jugement que de l'esprit, mais qu'il naît de la réunion d'un bon esprit et d'un bon cœur.

CCLX.

La civilité est un désir d'en recevoir, et d'être estimé poli.

La civilité est l'art de rendre à chacun ce qui lui est dû, suivant son sexe, son âge, son rang ou son mérite; c'est l'art de laisser chacun à sa place sans sortir de la sienne : dans un certain monde tout cela se fait par habitude, et peut-être la pensée de La Rochefoucauld n'est-elle applicable qu'à ceux qui ont besoin d'y songer.

CCLXI.

L'éducation que l'on donne d'ordinaire aux jeunes gens est un second amour-propre qu'on leur inspire.

C'est par l'amour-propre qu'on excite l'émulation, et l'émulation du premier âge fait l'ambition de toute la vie. Vous me répétez sans cesse : Sois le premier! vous m'excitez à devenir dominateur, envieux et jaloux; vous éveillez les passions, puis vous vous étonnez de leur ouvrage! Quel fruit prétendiez-vous donc recueillir d'une éducation dont le mobile est un vice (si ce n'est le vice ou même le crime), les succès de quelques-uns, et le malheur de tous? Telles sont les conclusions rigoureuses d'une Maxime dont il faut savoir gré à l'auteur, car elle a inspiré de belles pages à J.-J. Rousseau; et Bernardin de Saint-Pierre aurait pu la prendre pour épigraphe de l'excellent traité d'éducation qui termine les *Études de la Nature*.

CCLXII.

<small>Il n'y a point de passion où l'amour de soi-même règne si puissamment que dans l'amour ; et on est toujours plus disposé à sacrifier le repos de ce qu'on aime, qu'à perdre le sien.</small>

Comme si l'on pouvait sacrifier le repos de ce qu'on aime, sans perdre le sien! Remarquez que l'*amour de soi* n'est ici que l'égoïsme. Helvétius et les philosophes du dix-huitième siècle ne l'ont pas autrement entendu. Ils savaient bien qu'avilir l'origine de nos sentiments, c'était avilir l'homme; et, comme La Rochefoucauld, leur maître, ils espéraient nous dérober la vérité à la faveur d'une définition incomplète. Il est donc indispensable de remonter à la source des passions humaines, afin de décider si notre nature est bonne ou mauvaise, c'est-à-dire, si l'amour de soi doit être confondu avec l'égoïsme, et si l'homme est un être méprisable ou divin.

L'amour de soi existe dans tous les hommes, mais il se partage en deux sentiments divers, qu'il est important de bien distinguer : l'un nous dirige vers les choses physiques, l'autre vers les choses morales. C'est le double flambeau de notre double nature. Nous donnons au premier le nom d'*intérêt physique*, parce qu'il est le moteur de toutes les actions qui n'ont d'autre but que le bien-être matériel ; intérêt trompeur, qui nous persuade trop souvent que le mal peut produire le bien. La débauche, les friponneries, la lâcheté, ce qui amuse les sens, ce qui sauve le corps aux dépens de la vertu, sont les objets de cette passion. Si quelquefois elle inspire de bonnes actions, c'est qu'elle espère recevoir plus qu'elle ne donne : se montrer bienfaisant, généreux, magnanime, pour acquérir des richesses ou de la considération, c'est calculer, c'est opérer des échanges ; or, comment un pareil commerce pourrait-il constituer la vertu, lorsqu'il ne peut faire un honnête homme qu'autant qu'il y a quelque chose à gagner ? Mais il est un intérêt d'un ordre supérieur qui, loin de nuire à la pureté de nos actions, les rend dignes des regards de Dieu ; nous lui donnons le nom d'*intérêt moral,* parce que négligeant tous les biens matériels, il ne s'attache qu'à ceux de l'âme ; et il ne faut pas le considérer comme l'ennemi du corps, il n'est que l'ennemi des excès. Être vertueux, c'est donc agir dans notre véritable intérêt, c'est s'aimer soi-même, mais d'un amour dont les effets se répandent avec bienveillance autour de nous. Car, il faut le remarquer, toutes les actions qui sont dans notre intérêt moral, sont en même temps dans l'intérêt du genre humain ; tandis que toutes les actions qui sont dans notre intérêt physique, se concentrent dans un égoïsme fatal aux autres hommes et à nous-même. Mourir comme Socrate, c'est agir dans l'intérêt moral; vivre comme Anytus, c'est agir dans l'intérêt physique : l'un nous avilit, l'autre nous élève; l'un ne s'étend pas au delà des choses de la terre, l'autre va chercher sa récompense jusque dans le ciel; et cependant il est vrai de dire que chacun rapporte tout à soi, mais avec cette différence que le centre de l'intérêt physique, c'est le moi matériel, et que le centre de l'intérêt moral, c'est l'humanité tout entière.

Les effets de ces *deux intérêts* ne sont pas moins opposés que leurs passions. L'intérêt physique est purement sensuel : celui qui s'y abandonne sacrifie tout à lui, et ses sacrifices le laissent dans une volupté insatiable et mécontente; ne pouvant sortir de ses vices, il marche ainsi vers la mort, à qui il voudrait en vain ne présenter qu'une vile poussière. L'intérêt moral, au contraire, est purement intellectuel; il sacrifie tout aux autres, et de ses plus grands sacrifices naissent ses plus douces jouissances. Que Vincent de Paul semble s'oublier soi-même en prodiguant ses biens et ses jours aux malheureux, qu'il pousse l'abnégation jusqu'à se charger des chaînes d'un forçat pour le sauver du désespoir, il reçoit un contentement au-dessus de ce qu'il donne: dans ce sens, il est vrai de dire qu'il travaille à son bonheur en songeant à celui d'un autre; c'est donc son intérêt qu'il suit. Intérêt vertueux, qui entre dans les sentiments qui nous portent vers le ciel !

Ainsi l'amour de soi se divise en deux intérêts : de l'un vient notre faiblesse, de l'autre vient notre force; l'un est un faux calcul de l'esprit, l'autre est une sublime inspiration de l'âme; et, comme nous donnons au premier le nom d'égoïsme, nous donnerons au second le nom de sagesse. Pris dans ce dernier sens, l'amour de soi devient un sentiment que la conscience éclaire, et qui produit la vertu. Et, pour tout résoudre par un exemple, voyez ce que l'intérêt physique fit de Tibère et de Cromwell, voyez ce que l'intérêt moral fit de Socrate et de Fénelon.

Cette distinction peut jeter un grand jour non-seulement sur le livre de La Rochefoucauld, mais encore sur ceux d'Helvétius et de ses disciples. Si tout nous semble vil dans l'homme des philosophes, c'est qu'ils ont confondu à dessein ces deux sortes d'intérêt; ou, pour mieux dire, c'est qu'ils ont présenté l'intérêt physique comme le mobile de toutes nos actions, quoiqu'il ne soit que la source de nos vices. Quant à la Maxime qui a servi de texte à ces réflexions, elle reçoit naturellement l'application de nos principes. *Celui qui est plus disposé à sacrifier le repos de ce qu'il aime qu'à perdre le sien, n'aime pas* même sa maîtresse comme il devrait aimer son prochain; et si l'on veut appeler cela de l'amour, il ne faut pas au moins en chercher la source dans l'*intérêt moral*.

En terminant, nous remarquerons que la Maxime de La Rochefoucauld a été mise en vers par Corneille, dans la troisième scène du premier acte de *Bérénice;* et, sans examiner si de pareilles idées sont bien à leur place dans une tragédie, nous mettrons sous les yeux du lecteur ce passage vraiment singulier :

DOMITIEN.

Je trouve peu de jour à croire qu'elle m'aime,
Quand elle ne regarde et n'aime que soi-même.

ALBIN.

Seigneur, s'il m'est permis de parler librement,
Dans toute la nature aime-t-on autrement?
L'amour-propre est la source en nous de tous les autres;
C'en est le sentiment qui forme tous les nôtres ;
Lui seul allume, éteint ou change nos désirs :
Les objets de nos vœux le sont de nos plaisirs.
Vous-même qui brûlez d'une ardeur si fidèle,
Aimez-vous Domitie ou vos plaisirs en elle?
Et quand vous aspirez à des liens si doux,
Est-ce pour l'amour d'elle, ou pour l'amour de vous?
De sa possession l'aimable et chère idée
Tient vos sens enchantés et votre âme obsédée;
Mais si vous connaissiez quelques destins meilleurs,
Vous porteriez bientôt toute cette âme ailleurs.
Sa conquête est pour vous le comble des délices;
Vous ne vous figurez ailleurs que des supplices;

C'est par là qu'elle seule a droit de vous charmer,
Et vous n'aimez que vous quand vous croyez l'aimer.

Il faut convenir que Domitien doit être un peu étourdi d'une semblable tirade; et l'on peut, sans nuire à la mémoire du grand Corneille, rendre à La Rochefoucauld tout l'honneur de ce raisonnement.

CCLXIII.

Ce qu'on nomme libéralité n'est le plus souvent que la vanité de donner, que nous aimons mieux que ce que nous donnons.

L'action de celui qui donne étant celle d'un égoïste, les sentiments de celui qui reçoit seront ceux d'un ingrat. Que penseriez-vous d'un malheureux dont une main généreuse viendrait soulager la misère, et qui remercierait son bienfaiteur en lui disant : « *Votre libéralité n'est que de la vanité, que vous aimez mieux que ce que vous me donnez?* » Est-ce donc là ce que votre philosophie peut nous apprendre? Certes on ne saurait trop le répéter, une Maxime qui pourrait détruire le repos du genre humain ne peut être qu'une Maxime fausse. Ici, vous tuez la reconnaissance dans l'âme du malheureux; plus loin, vous tuerez la pitié dans l'âme du bienfaiteur. Vous ôtez à la créature la plus faible les deux seuls refuges de sa misère, la pitié et la bienfaisance. Je ne dis rien de la religion, vous n'en parlez pas; et, pour remplacer ces biens inestimables, je ne vois dans votre livre que le mépris de nous-mêmes, la crainte de la mort, la haine des hommes, et l'oubli de Dieu !

Ainsi, plus on avance dans l'étude de ce livre, et plus on est tenté de lui appliquer ces paroles de Montaigne : « De tant d'ames et d'effects qu'il juge,
« de tant de mouvements et conseils, il n'en rap-
« porte jamais un seul à la vertu, religion et con-
« science, comme si ces parties-là estoient du tout
« esteinctes au monde ; et de toutes les actions, pour
« belles par apparence qu'elles soient d'elles-mesmes,
« il en rejecte la cause à quelque occasion vicieuse,
« ou à quelque proufit. Il est impossible d'imaginer
« que, parmi cet infini nombre d'actions de quoi
« il juge, il n'y en ayt eu quelqu'une produicte par
« la voye de la raison : nulle corruption peut avoir
« saisi les hommes si universellement, que quelqu'un
« n'eschappe à la contagion. Cela me fait craindre
« qu'il y aye un peu de vice de son goust ; et peut
« estre advenu qu'il ayt estimé d'aultrui selon soy. »[1]

[1] *Essais*, livre II, chap. 10.

CCLXIV.

La pitié est souvent un sentiment de nos propres maux dans les maux d'autrui. C'est une habile prévoyance des malheurs où nous pouvons tomber. Nous donnons du secours aux autres pour les engager à nous en donner en de semblables occasions; et ces services que nous leur rendons sont, à proprement parler, des biens que nous nous faisons à nous-mêmes par avance.

En nous livrant à la douleur, Dieu nous donna la pitié, la pitié si dédaignée des gens heureux, et qui est un baume salutaire pour les infortunés. Ce sentiment est un des liens de la société, car il unit le fort au faible, le premier au dernier, et cela par un mouvement naturel que la bienfaisance suit aussitôt. La Rochefoucauld veut y trouver *une habile prévoyance des malheurs où nous pouvons tomber;* il se trompe, nous n'avons pas la crainte de redevenir enfant: cependant c'est l'âge qui inspire les plus vifs sentiments de pitié. L'aspect d'un homme souffrant nous touche, mais nous courons vers l'enfant dont les cris nous appellent. Des peuples barbares contempleront avec une stupide indifférence l'incendie d'un palais ou la ruine d'un empire, mais jamais ils ne verront, sans être émus, des enfants en bas âge suivre tout éplorés le corps de leur mère au tombeau. Tant qu'il y aura des hommes, la pitié restera sur la terre, parce que, tant qu'il y aura des hommes, il y aura des malheureux.

Qu'on ne s'étonne point, au reste, de l'erreur de La Rochefoucauld : on peut dire ici, sans le calomnier, qu'il a écrit selon son cœur, puisque, dans le portrait qu'il trace de lui-même, il ne craint pas de s'exprimer ainsi sur la pitié : « On peut témoigner beau-
« coup de compassion, car les malheureux sont si
« sots, que cela leur fait le plus grand bien du
« monde : mais je tiens aussi qu'il faut se contenter
« d'en témoigner et se garder soigneusement d'en
« avoir. C'est une passion qui n'est bonne à rien
« au dedans d'une âme bien faite, qui ne sert qu'à
« affaiblir le cœur, et qu'on doit laisser au peuple,
« etc. » Cet aveu est non-seulement la plus grande injure qu'un homme puisse se faire à lui-même, c'est encore une réfutation complète de tout ce que l'auteur a écrit de la pitié. Comment aurait-il apprécié un sentiment qu'il regardait comme une faiblesse, et dont il se défendait comme d'un vice ? Mais ne l'accusons ni d'ignorance, ni d'insensibilité ; cherchons plutôt à pénétrer le secret de sa pensée, et nous apprendrons pourquoi il a jeté tant de mépris sur la pitié. Tout se lie dans ce système où tout semble dispersé sans ordre, et la Maxime qu'on vient de lire est la conséquence du livre entier. La pitié est un sentiment naturel, qui tend à modérer dans chacun l'activité de l'amour de soi [1]. Elle ne réfléchit

---

[1] Rousseau, *Discours sur l'origine de l'inégalité*, etc., p. 101.

pas, elle agit; par ses inspirations le bien est fait avant qu'on sache que c'est le bien, et quelquefois contre notre intérêt. C'est une loi de la nature qui prouve notre misère, car elle ne pouvait être donnée qu'à des êtres destinés au malheur; mais aussi c'est un sentiment généreux qui prouve notre excellence, car il inspire des actions vertueuses à ceux même qui croient n'être guidés que par l'égoïsme. On voit maintenant comment la pitié détruit le système de La Rochefoucauld, qui s'est vu forcé de la nier, ou de renoncer à son livre. Nous disons qu'il nie la pitié; car donner un motif intéressé à un sentiment qui précède toute réflexion, c'est nier le sentiment; et nier le sentiment, c'est nier l'action qui en est la suite; ce qui est absurde. Veut-on dire seulement que, la première émotion affaiblie, il se fait un retour sur nous-mêmes? cela est impossible; mais ce retour intéressé qui peut combattre la pitié ne doit pas être confondu avec elle. La pitié est pure, sublime, naturelle : c'est la marque de l'humanité; par elle les êtres les plus dépravés exercent encore des vertus involontaires, et sans doute elle nous a été donnée afin que les méchants mêmes ne pussent passer sur la terre sans avoir senti qu'ils sont hommes!

CCLXXI.

La jeunesse est une ivresse continuelle ; c'est la fièvre de la raison.

Fénelon a marqué d'une manière admirable, dans le quatrième livre de *Télémaque*, ce temps d'ivresse que La Rochefoucauld appelle la fièvre de la raison. Vénus apparaît en songe au fils d'Ulysse : « Jeune Grec, lui dit-elle, tu vas entrer dans mon « empire. » Télémaque est au printemps de la vie, et il touche aux rives charmantes de l'île consacrée à la déesse. Dans la description de ces lieux, l'auteur semble vouloir épuiser toutes les séductions de l'amour; en l'écoutant on sent fondre son âme, elle se perd dans un torrent de délices, et de tous côtés la volupté l'effleure comme le souffle d'un vent gracieux : « O malheureuse jeunesse! s'écrie Télé-« maque, ô dieux qui vous jouez cruellement des « hommes, pourquoi les faites-vous passer par cet « âge qui est un temps de folie et de fièvre ar-« dente! » D'abord on est tenté de dire comme lui; mais bientôt on comprend que les jours d'épreuve sont nécessaires pour nous apprendre le prix de la sagesse. Les amertumes de la volupté révèlent à Télémaque les délices de la vertu; qu'on ne peut voir sans ravissement, et que Fénelon ne présente pas comme un devoir, mais comme un moyen de bonheur. A son doux aspect, le fils d'Ulysse, qui voulait mourir pour fuir l'esclavage, demande l'esclavage comme une faveur pour fuir le vice. Les maux de la fortune ne lui semblent plus que des peines légères, car il a compris que *les plus grands malheurs des hommes sont ceux où ils tombent par les crimes* [1]. Quel chef-d'œuvre que ce quatrième livre! c'est un hymne à la vertu; c'est, avec le livre VI et le livre XVIII [2], tout ce qu'il a été donné aux hommes d'écrire de divin.

CCLXXV.

Le bon naturel, qui se vante d'être si sensible, est souvent étouffé par le moindre intérêt.

Le bon naturel a plus de force que ne lui en suppose l'auteur des *Maximes*. Voyez tout ce qu'il inspire à l'enfance et à la jeunesse! que de nobles actions, que de sublimes sentiments il fait jaillir de notre âme, avant que nous sachions que ce sont des vertus! Il dure vingt ans, trente ans; il pourrait durer toujours. L'éducation, le monde, l'exemple, la corruption générale, les récompenses accordées au vice, le ridicule jeté sur la vertu, tout travaille à le détruire, et cependant il résiste encore; il faut, pour l'étouffer, les efforts de la société entière. Lorsque vous dites que le plus faible intérêt peut remporter une aussi grande

[1] Maxime 183.
[2] Dans les anciennes éditions, ce sont les livres VII et XXIV.

victoire, c'est que vous ne demandez rien au passé. La dernière goutte ne vide pas le verre, elle achève de le vider; un petit intérêt ne tue pas le bon naturel, il achève de le tuer. Chose digne de remarque! la société même reconnaît cette force; car si elle ne la reconnaissait pas, oserait-elle flétrir ceux qui tombent dans la bassesse et le crime? Les parents qui se méconnaissent, les frères que l'intérêt divise, les enfants qui poursuivent leurs pères, les pères qui haïssent leurs enfants, tous sont livrés au mépris ou à l'exécration publique. La société semble leur dire : « Vous aviez assez de force pour me résister, et j'ai le droit de punir votre faiblesse. » Après cette vengeance de la société, il y a celle de la conscience et celle de Dieu.

Terminons en faisant observer que l'auteur cherche à affaiblir l'effet du bon naturel par les mêmes motifs qui l'ont porté à flétrir la pitié. Une fois la pitié et le bon naturel chassés de notre cœur, il ne reste plus qu'un être méchant : l'homme de La Rochefoucauld. (*Voyez* la note de la Maxime 274.)

CCLXXXV.

La magnanimité est assez définie par son nom; néanmoins on pourrait dire que c'est le bon sens de l'orgueil, et la voie la plus noble pour recevoir des louanges.

On dit d'un prince qui a de la grandeur, de l'élévation naturelle, qu'il est magnanime. Appeler ces heureuses dispositions *le bon sens de l'orgueil*, c'est montrer jusqu'à l'évidence la vanité d'un système qui, ne pouvant anéantir toutes les vertus, recourt à de si misérables subtilités pour empoisonner leur source.

Cette pensée est encore une preuve que l'auteur n'a voulu juger que la cour et les hommes de cour, car la magnanimité est une vertu de prince comme la clémence : c'est pour eux seuls que ces mots existent. Dans le monde vulgaire, ces vertus prennent le nom de bonté et de générosité.

CCXCI.

Le mérite des hommes a sa saison, aussi bien que les fruits.

Répétition de la Maxime 211. Cette pensée ne doit être appliquée qu'à une certaine fleur de réputation, qui dure chez les hommes à peu près autant que la beauté chez les femmes. Quant au vrai mérite, il est inaltérable ; le temps, loin de le détruire, en augmente l'éclat : je n'en veux d'autre exemple que la vie entière de ces héros, de ces ministres, de ces magistrats, éternel honneur de la patrie : Sully, Bayard, L'Hospital, et vous aussi grand Condé, illustre Turenne, vous dont La Rochefoucauld fut assez malheureux pour méconnaître la gloire, et qu'une aveugle passion voulut peut-être désigner dans cette Maxime.

CCXCIII.

La modération ne peut avoir le mérite de combattre l'ambition et de la soumettre ; elles ne se trouvent jamais ensemble. La modération est la langueur et la paresse de l'âme, comme l'ambition en est l'activité et l'ardeur.

La modération des hommes qui, suivant l'expression de La Rochefoucauld, n'ont *pas la force d'être méchants,* est paresse et non vertu. Mais la modération de Marc-Aurèle et de saint Louis, celle de Scipion et de Bayard, est force d'âme, et non langueur. « La modération des grands hommes, dit Vauvenargues, ne borne que leurs vices. » Or, l'ambition est toujours un vice lorsqu'elle n'est pas un crime : la modération peut donc combattre l'ambition et la soumettre, elle peut aussi la servir ; mais alors elle n'est plus qu'un effet de la politique : tel fut le pardon d'Auguste. Au reste, il est utile de remarquer que l'auteur ne veut peut-être détruire la modération que parce qu'il a déjà tenté de détruire la clémence, qui en est la suite naturelle. Mais il n'est pas toujours d'accord avec lui-même, et l'on s'étonne, par exemple, de le voir nier ici ce qu'il avoue quelques lignes plus loin, lorsqu'il dit : « On a fait une vertu de la modération, pour borner l'ambition des grands hommes » (Maxime 308). Or, je le demande, comment la modération pourra-t-elle borner l'ambition, si, comme vous le dites ici, elles ne se trouvent jamais ensemble? J'ajoute que votre définition conduit à un résultat absurde. Si la modération est la paresse de l'âme, si l'ambition en est l'activité, il faut en conclure que le repos de l'âme est une vertu, et que son action est un vice ou un crime. Voilà cependant ce que vous avez dit, et ce que peut-être vous n'avez pas cru dire.

CCCVII.

Il est aussi honnête d'être glorieux avec soi-même, qu'il est ridicule de l'être avec les autres.

Cette Maxime est digne d'Épictète et de Socrate. Être glorieux avec soi-même, c'est connaître la dignité de sa nature et la respecter; c'est être modeste, sobre, continent, rougir du vice, et se parer de vertus.

CCCX.

Il arrive quelquefois des accidents dans la vie, d'où il faut être un peu fou pour se bien tirer.

Cette pensée rappelle peut-être les aventures du marquis de Pomenars, sa gaieté, ses folies et ses procès criminels, où il ne s'agissait de rien moins que de sa vie. Madame de Sévigné nous a conservé plusieurs traits de cet homme singulier : tantôt elle le peint sollicitant ses juges avec une longue barbe, sous prétexte qu'il n'était pas assez fou pour prendre

soin d'une tête que le roi lui disputait; tantôt elle le montre chez M. de La Rochefoucauld, le nez dans son manteau, et caché parmi les laquais, pour entendre une lecture du grand Corneille, attendu, dit-elle, que le comte de Créance *le veut faire pendre, quelque résistance qu'il y fasse.* « L'autre jour (dit-
« elle encore à sa fille), Pomenars passa par ici; il
« venait de Laval, où il trouva une grande assemblée
« de peuple. Il demanda ce que c'était : C'est, lui
« dit-on, que l'on pend en effigie un gentilhomme
« qui a enlevé la fille de M. le comte de Créance.
« Cet homme-là, c'était lui-même. Il approcha, et
« trouva que le peintre l'avait mal habillé; il s'en
« plaignit, puis il alla souper et coucher chez le juge
« qui l'avait condamné. Le lendemain, il vint ici se
« pâmant de rire; il en partit cependant de grand
« matin. » Pomenars, ayant été poursuivi pour crime de fausse monnaie, gagna son procès, et fut ensuite accusé d'avoir payé les épices de son arrêt en fausses pièces. Quoi qu'il en soit, ses aventures se terminèrent assez heureusement; et sans doute on peut dire, avec La Rochefoucauld, qu'il *fallait être un peu fou pour s'en bien tirer.*

CCCXII.

Ce qui fait que les amants et les maîtresses ne s'ennuient point d'être ensemble, c'est qu'ils parlent toujours d'eux-mêmes.

Parler de soi est un plaisir dont le charme dure peu. L'égoïsme et l'amour-propre font une pauvre conversation; ce n'est pas au moins celle de l'amour. Les amants se plaisent ensemble, non parce qu'ils parlent d'eux, mais parce qu'ils s'aiment.

CCCCXVII.

Ce n'est pas un grand malheur d'obliger des ingrats; mais c'en est un insupportable d'être obligé à un malhonnête homme.

Cela doit s'entendre seulement du vulgaire; car c'est le sort inévitable des rois d'être obligés à de malhonnêtes gens, et de les servir pour en être servis.

CCCXIX.

On ne saurait conserver longtemps les sentiments qu'on doit avoir pour ses amis et pour ses bienfaiteurs, si on se laisse la liberté de parler souvent de leurs défauts.

Il y a dans cette pensée une observation délicate, et un sentiment exquis des convenances du cœur. On aime à surprendre l'auteur dans un de ces moments où il oublie qu'en étendant trop la critique de son siècle, il s'était fait le calomniateur du genre humain.

CCCXXII.

Il n'y a que ceux qui sont méprisables qui craignent d'être méprisés.

On pourrait dire, avec autant de vérité : Le comble de la bassesse est de ne plus craindre le mépris.

CCCXXIII.

Notre sagesse n'est pas moins à la merci de la fortune que nos biens.

Est-ce donc que la volonté de l'homme dépend de la fortune? Non, il peut commander ou obéir : qu'il fasse un choix, il lui est loisible. (*Voyez* la note de la Maxime 5.)

CCCXXVI.

Le ridicule déshonore plus que le déshonneur.

Grâce au ciel, ce qui déshonore, c'est le vice. Pour être vrai, il fallait dire : Le ridicule est plus nuisible que le déshonneur. Et cela ne vient pas d'une corruption générale, mais de ce que le ridicule qui s'ignore se présente hardiment et de front, tandis que le vice qui se connaît cache son déshonneur sous des marques d'honneur, ou sous le masque de l'hypocrisie.

CCCXXVII.

Nous n'avouons de petits défauts que pour persuader que nous n'en avons pas de grands.

Cette Maxime est reproduite, avec quelques modifications, sous les numéros 383 et 442.

CCCXXXII.

Les femmes ne connaissent pas toute leur coquetterie.

L'auteur a dit un peu plus haut : « Il s'en faut « bien que nous connaissions toutes nos volontés. » (Maxime 295.)

CCCXXX.

Les femmes peuvent moins surmonter leur coquetterie que leur passion.

Dans l'ordre de nos sociétés, les femmes étant presque toujours sacrifiées aux convenances de la fortune, il arrive que la plupart d'entre elles restent indifférentes et coquettes ; car chez les femmes la coquetterie suit l'indifférence, et ceci est un heureux caprice de la nature, et non une dépravation du cœur. Effectivement, cet art d'attirer la foule, ou, si l'on veut, ce désir de plaire à tous, ne leur est donné que pour choisir celui qu'elles doivent aimer : le choix fait, la coquetterie devient inutile, et s'évanouit. Cette observation est si vraie, que l'auteur l'a répétée deux fois dans les Maximes 349 et 376, qui peuvent servir de réfutation à celle-ci.

CCCXXXVI.

Il y a une certaine sorte d'amour dont l'excès empêche la jalousie.

Cette pensée est la suite naturelle de celle-ci : « Il « y a dans la jalousie plus d'amour-propre que d'a- mour. » (Maxime 324.)

CCCXXXVIII.

Lorsque notre haine est trop vive, elle nous met au-dessous de ceux que nous haïssons.

Elle produit toujours cet effet; le degré n'y fait rien. La haine de l'homme ne doit jamais entrer dans le cœur de l'homme. Il faut avoir de la compassion pour les méchants, et ne haïr que leurs vices. « Garde- « toi, dit Marc-Aurèle, de ressentir pour ceux même « qui sont inhumains, autant d'indifférence que le « vulgaire en éprouve pour le vulgaire. » Remarquez que cette douce pitié que nous recommande Marc-Aurèle est dans notre intérêt comme toutes les vertus ; car elle remplit l'âme d'un sentiment de bienveillance et d'amour, tandis que la haine est un effort doulou- reux pour le méchant lui-même ; elle met en nous la peine du mal que nous voulons à autrui.

CCCXXXIX.

Nous ne ressentons nos biens et nos maux qu'à proportion de notre amour-propre.

L'amour-propre, l'amour de soi, l'orgueil, la vanité, que l'auteur des *Maximes* confond sans cesse, peuvent augmenter ou diminuer les biens factices qu'ils nous donnent, mais leur pouvoir ne va pas plus loin ; et, par exemple, je voudrais que le duc de La Rochefoucauld pût me dire quel secours il tirait de l'amour-propre pour adoucir les tortures de la goutte, et comment cette passion vint à son aide lorsqu'en 1672 il apprit en un même jour qu'un de ses fils était mort au passage du Rhin, un autre blessé, et que la cour pleurait la perte du jeune duc de Longueville, qu'il chérissait comme ses propres enfants. Madame de Sévigné, témoin de ce désastre, écrit à sa fille : « J'ai vu son cœur à découvert dans cette cruelle « aventure : il est au premier rang de ce que j'ai « jamais vu de courage, de mérite, de tendresse et « de raison ; je compte pour rien son esprit et son « agrément. » Et en effet, que peuvent l'esprit et l'agrément où il ne faut que du courage et de la résignation ? Combien madame de Sévigné, dans ces quatre lignes, nous fait regretter que La Rochefoucauld ait si souvent fait usage de cet esprit, de cet agrément qu'elle compte pour rien, et qu'il ait presque toujours craint d'exprimer les sentiments de ce cœur généreux, dont elle admirait la résignation !

CCCXLII.

L'accent du pays où l'on est né demeure dans l'esprit et dans le cœur, comme dans le langage.

Cette vieille observation, qui surprend ici par son tour, est un trait de satire contre Mazarin, qui, devenu maître de la France, resta toujours Italien par l'esprit, par l'accent, et par le cœur.

CCCXLIII.

Pour être un grand homme, il faut savoir profiter de toute sa fortune.

Peut-être cette pensée serait-elle plus vraie en la tournant ainsi : Pour être un grand homme, il faut savoir se placer au-dessus de la bonne et de la mauvaise fortune.

CCCXLVI.

Il ne peut y avoir de règle dans l'esprit ni dans le cœur des femmes, si le tempérament n'en est d'accord.

Il y a quelque chose de supérieur au tempérament, c'est la volonté : faites seulement qu'elle soit vertueuse, vous en êtes le maître. Nous avons déjà réfuté ces imputations déshonorantes dans la note de la Maxime 44, et nous offrons la même réponse aux mêmes erreurs.

CCCXLVIII.

Quand on aime, on doute souvent de ce que l'on croit le plus.

« Vous vous en rapportez plus à vos yeux qu'à moi, disait une femme à son amant ; vous ne m'aimez donc plus ? »

CCCLVI.

Nous ne louons d'ordinaire de bon cœur que ceux qui nous admirent.

L'auteur a pris la peine de retourner plusieurs fois cette Maxime, qui manque de justesse. La louange est quelquefois, comme il l'observe, un retour sur nous-mêmes, une flatterie habile, un blâme perfide ou empoisonné[1] ; mais elle est aussi l'expression d'un plaisir. On loue la grâce d'un jeune enfant, la valeur d'un général ; on loue jusques aux talents d'un acteur ; toutes personnes qui peuvent ignorer à jamais les plaisirs qu'elles nous donnent, et ne pas payer nos louanges de leur admiration. (*Voyez* la note de la Maxime 143.)

CCCLX.

On se décrie beaucoup plus auprès de nous par les moindres infidélités qu'on nous fait, que par les plus grandes qu'on fait aux autres.

Ainsi La Rochefoucauld trouvait tout naturel que,

[1] *Voyez* les Maximes 143, 144, 145, 146.

pour favoriser son ambition et son amour, la belle madame de Longueville eût oublié ce qu'elle devait à son mari, à sa souveraine, à sa patrie, à elle-même; et il ne put lui pardonner l'inclination qu'il crut reconnaître en elle pour le duc de Nemours. Devenu l'ennemi de celle qu'il avait aimée, il passa si rapidement de la reconnaissance à l'ingratitude, que plus tard tout le monde put le reconnaître dans cette autre Maxime de son livre : « Plus on aime une maîtresse, « plus on est près de la haïr[1]. » Enfin, la haine lui inspira des offenses qui auraient pu le déshonorer, s'il eût eu moins de trouble, et que sans doute il ne se pardonna jamais. « Si on juge de l'amour par la plupart « de ses effets, il ressemble plus à la haine qu'à l'ami- « tié. » C'est encore une de ses Maximes[2] dont on peut trouver le commentaire dans sa propre conduite. Au reste, ses mauvais procédés eurent un résultat auquel il était loin de s'attendre : madame de Longueville en éprouva toute l'amertume, mais ils lui firent sentir la honte de sa chute. Alors, d'un objet de scandale elle devint un exemple merveilleux de repentir et de vertu[3].

[1] Maxime 111.
[2] Maxime 72.
[3] *Mémoires de madame de Motteville*, tome IV, page 342.

CCCLXVII.

Il y a peu d'honnêtes femmes qui ne soient lasses de leur métier.

Pour ne pas se *lasser* de la vertu, il doit suffire aux femmes de voir quel est *le métier* de celles qui en manquent.

CCCLXXXIX.

Ce qui nous rend la vanité des autres insupportable, c'est qu'elle blesse la nôtre.

Répétition de la Maxime 34.

CCCXC.

On renonce plus aisément à son intérêt qu'à son goût.

Cela veut dire que l'on renonce plus facilement à sa fortune qu'à sa paresse et à ses habitudes. Préférence qu'on peut dire heureuse. Si le goût ne prévalait pas, on se heurterait plus rudement encore sur le chemin de l'ambition.

CCCXCVIII.

De tous nos défauts, celui dont nous demeurons le plus aisément d'accord, c'est de la paresse : nous nous persuadons qu'elle tient à toutes les vertus paisibles, et que, sans détruire entièrement les autres, elle en suspend seulement les fonctions.

La paresse est la plus terrible ennemie de la vertu, elle l'est de toutes les grandes choses; et c'est ce que La Rochefoucauld a très-bien développé dans la Maxime 266.

CCCCIV.

Il semble que la nature ait caché dans le fond de notre esprit des talents et une habileté que nous ne connaissons pas : les passions seules ont le droit de les mettre au jour, et de nous donner quelquefois des vues plus certaines et plus achevées, que l'art ne saurait faire.

L'auteur a exprimé la même pensée d'une manière beaucoup plus concise dans les Maximes 344 et 380 ; mais pour les bien comprendre il faut les rapprocher.

CCCCVIII.

Le plus dangereux ridicule des vieilles personnes qui ont été aimables, c'est d'oublier qu'elles ne le sont plus.

Aimable ne peut avoir ici le sens qu'on lui donne généralement, car on ne cesse pas d'avoir de l'esprit. Il faut donc l'entendre seulement des agréments passagers qui font qu'on nous aime; et il est bien vrai que rien n'est plus ridicule que les prétentions qui survivent à ces agréments lorsqu'elles ne sont point accompagnées d'un mérite solide : la beauté est si fugitive, que les femmes vieillissent toutes préoccupées de l'admiration qu'on leur prodigue, et que déjà le temps a changée en dégoût. Voltaire a donné au mot *aimable*, dans la stance suivante, le même sens que lui donne ici La Rochefoucauld :

> On meurt deux fois, je le vois bien :
> Cesser d'aimer et d'être *aimable*

Est une mort insupportable ;
Cesser de vivre, ce n'est rien.

CCCCXIII.

On ne plaît pas longtemps, quand on n'a qu'une sorte d'esprit.

Selon Segrais, cette Maxime est une critique de Racine et de Boileau, qui, dédaignant le train ordinaire de la conversation dans le monde, parlaient incessamment de littérature. Cependant il est permis de révoquer en doute cette anecdote, du moins quant à Racine, qui disait à ses fils : « Corneille fait des vers
« cent fois plus beaux que les miens, et cependant
« personne ne le regarde, on ne les aime que dans
« la bouche de ses acteurs ; au lieu que, sans fatiguer
« les gens du monde du récit de mes ouvrages, dont je
« ne leur parle jamais, je me contente de leur tenir
« des propos amusants, et de les entretenir de choses
« qui leur plaisent. Mon talent, avec eux, n'est pas
« de leur faire sentir que j'ai de l'esprit, mais de leur
« apprendre qu'ils en ont[1]. »

CCCCXXVI.

La grâce de la nouveauté et la longue habitude, quelque opposées qu'elles soient, nous empêchent également de sentir les défauts de nos amis.

La Bruyère a généralisé cette pensée en l'exprimant

[1] *Mémoires sur la vie de Jean Racine.*

ainsi : « Deux choses toutes contraires nous prévien-
« nent également, l'habitude et la nouveauté. »

CCCCXXXV.

La fortune et l'humeur gouvernent le monde.

Plutarque, dans le *Traité de la Fortune*, avait répondu d'avance à cette accusation : « Comment, dit-
« il, n'y a-t-il donc point de justice ès affaires du
« monde, ni d'equité, ni de temperance, ni de mo-
« destie ? et a-ce esté de fortune et par fortune qu'A-
« ristide a mieux aimé demeurer en sa pauvreté, com-
« bien qu'il fust en sa puissance se faire seigneur de
« beaucoup de bien, et que Scipion, ayant pris de
« force Carthage, ne toucha ni ne veit onques rien de
« tout le pillage? » Ces objections sont de véritables réfutations, et il serait inutile d'y rien ajouter, si la pensée de La Rochefoucauld, appliquée à l'ensemble de l'univers, n'échappait au raisonnement de Plutarque. L'auteur prétendait-il lui donner un sens aussi étendu? je ne le crois pas, car il a écrit de l'homme, et rien que de l'homme. C'est dans la société qu'il l'observe, et jamais dans la solitude, qui nous rapproche de Dieu. D'ailleurs, il suffit de montrer les résultats de la pensée ainsi entendue, pour absoudre La Rochefoucauld. En effet, attribuer à la fortune les événements dont on ne comprend pas les causes, c'est se faire un dieu de son ignorance ; et cependant ceux qui veulent

donner le gouvernement du monde au hasard, se gardent bien de lui laisser gouverner leur maison, leur femme et leurs enfants. Les insensés! ils voient qu'une petite famille ne pourrait subsister un an sans une grande prudence, et ils enseignent que le monde, pris dans son ensemble, a pu subsister cinq mille ans sans le pouvoir d'une volonté éclairée! Ce serait donc faire injure à La Rochefoucauld, que de placer dans son livre la réfutation d'un système que sa vie, sa mort et ses ouvrages même désavouent. Mais on peut au moins lui faire l'application d'une de ses Maximes : « Il n'y a « guère d'homme assez habile pour connaître tout le « mal qu'il fait. » (Maxime 269.)

CCCCXXXVI.

Il est plus aisé de connaître l'homme en général, que de connaître un homme en particulier.

Le livre des *Maximes* est une réfutation de cette pensée; l'auteur y montre la prétention de peindre l'homme en général, et ne peut sortir des exceptions. Pour savoir quelque chose de l'homme, il ne suffit pas de peindre le monde et de s'étudier soi-même, comme le fait souvent La Rochefoucauld avec beaucoup de sagacité; il faut encore comprendre quelle est notre mission sur la terre, et pour la comprendre, cette mission, il faut considérer l'humanité tout entière. Les peuples ne sont que les membres de ce grand tout que nous appelons le genre humain : et c'est en étudiant le but du genre humain qu'on apprendra celui de chaque homme en particulier ; on saura si sa mission est la reconnaissance et l'amour, si le désir du bonheur que rien ne peut satisfaire lui a été donné en vain, et si tout ce qu'il y a de grand dans sa pensée, de sublime dans son cœur, doit s'évanouir à jamais avec la poussière de son corps.

CCCCXXXVII.

On ne doit pas juger du mérite d'un homme par ses grandes qualités, mais par l'usage qu'il en sait faire.

Cette Maxime, que l'on peut appliquer au cardinal de Retz, condamne également le duc de La Rochefoucauld. Tous deux eurent de grandes qualités, et tous deux en firent un mauvais usage. La même pensée est reproduite dans la Maxime 159.

CCCCXXXIX.

Nous ne désirerions guère de choses avec ardeur, si nous connaissions parfaitement ce que nous désirons.

« Si tu connaissais en quoi consiste le bien de la « vie, disait Léonidas à Xerxès, tu ne convoiterais « pas ce qui est à autrui. » Il semble que nous ne sachions pas souhaiter ce qui pourrait nous rendre heureux, et c'est une chose remarquable que notre bonheur vient rarement de l'accomplissement de nos désirs : c'est que nous désirons d'après les passions qui nous aveuglent, et que le bonheur ne nous est donné que par la sagesse qui nous éclaire.

CCCCXLVII.

La bienséance est la moindre de toutes les lois, et la plus suivie.

« Un vieillard, desirant voir l'esbattement des jeux olympiques, ne pouvoit trouver place à s'asseoir, et, passant par-devant beaucoup de lieux, on se gaudissoit et se moquoit de lui, sans que personne le voulus recevoir, jusque-là qu'il arriva à l'endroit où estoient les Lacedemoniens assis, là où tous les enfants et beaucoup d'hommes se leverent au-devant de lui, et lui cederent leur place. Toute l'assemblée des Grecs remarqua bien cette honeste façon de faire, et avec bastement de mains desclarerent qu'ils la louoient grandement. Adonc le pauvre vieillard,

Croulant sa teste et sa barbe chenue

en plourant : « Eh Dieu ! dit-il, que de maulx ! On voit
« bien que tous les Grecs entendent ce qui est ho-
« neste ; mais il n'y a que les Lacedemoniens qui le
« fassent[1]. »

Cet exemple prouve assez que la bienséance tient aux mœurs et fait partie de la morale ; c'est le savoir-vivre, c'est la décence, c'est le respect des autres et

---

[1] PLUTARQUE, *Apophthegmes des Lacédémoniens* § LXIX.

de soi, c'est enfin le respect des choses divines ; car il ne faut pas la confondre avec le *bien dire*, elle est le *bien faire*. Un baladin ne saurait l'enseigner, l'éducation de l'âme la donne, et il n'est peut-être pas un signe extérieur, non-seulement de bienséance, mais encore de simple politesse, qui n'ait son principe moral éloigné. On ne dira donc point, avec l'auteur, que la bienséance est la *moindre de toutes les lois,* puisqu'elle ressort de la vertu, et qu'on ne peut la méconnaître sans entrer dans la carrière du vice. Nous l'avons vu disparaître aux jours sanglants de la Terreur ; et ce qui donne à cette époque un caractère unique dans l'histoire, ce n'est pas qu'il y ait eu des bourreaux, mais que ces bourreaux aient pris plaisir à se montrer sous les formes les plus abjectes. C'est un spectacle digne des méditations du législateur que celui d'un peuple entier, civilisé et sans bienséance. Aujourd'hui même le sentiment des bienséances s'est altéré parmi nous. Chez les peuples anciens, il était réglé par la vertu ; chez nos pères, par les délicatesses de l'honneur. Mais nos révolutions successives ont affaibli ce dernier mobile, et changé le caractère de la nation : elle ne tend plus qu'au pouvoir ; et l'ambition qui s'y propage efface tout et remplace tout.

CCCCLII.

Il n'y a point d'homme qui se croie, en chacune de ses qualités, au-dessous de l'homme du monde qu'il estime le plus.

La Rochefoucauld était doué du plus rare mérite, et cependant je ne pense pas qu'il se soit jamais cru l'égal de Bossuet en éloquence, de Richelieu en politique, de L'Hospital en vertu, et du grand Condé dans l'art funeste de la guerre. Que s'il a pu le croire, au moins lui a-t-il fallu reconnaître qu'il n'avait pas su donner de l'éclat à ces grandes qualités, ce qui le plaçait dès lors au-dessous de ceux dont il s'estimait l'égal; car, pour me servir d'une de ses expressions, *ce n'est pas assez d'avoir de grandes qualités, il en faut avoir l'économie.* (Maxime 159.)

CCCCLXI.

La vieillesse est un tyran qui défend, sur peine de la vie, tous les plaisirs de la jeunesse.

L'auteur ne mettait-il au nombre des plaisirs que les vices qui abusent la jeunesse? Cette Maxime semble le faire entendre, car la vieillesse, qu'il appelle un tyran, n'enlève guère que cette sorte de plaisirs-là. Elle ne dérobe ni la confiance en Dieu, ni les jouissances de l'étude, ni la joie de faire le bien, ni le bonheur d'aimer ses amis, sa famille, sa patrie. Sans doute elle affaiblit le corps, mais l'âme nous reste, et, pour être surchargés d'années, nous ne cessons ni d'aimer, ni d'être aimés. Les délices de la jeunesse ne sont-elles pas dans l'amour de notre père, comme les délices de la vieillesse sont dans l'amour de nos enfants? Voilà les véritables plaisirs, et ils appartiennent à tous les âges. Ah! si Dieu n'avait pas mêlé l'amour aux choses de la terre, quel être le remercierait de lui avoir donné la vie?

CCCCLXVIII.

Il y a des méchantes qualités qui font de grands talents.

Répétition des Maximes 90 et 354.

CCCCLXX.

Toutes nos qualités sont incertaines et douteuses, en bien comme en mal ; et elles sont presque toutes à la merci des occasions.

Cette pensée est moins tranchante que la 177, dont cependant elle n'est qu'une modification. (*Voyez* la note.)

CCCCLXXI.

Dans les premières passions, les femmes aiment l'amant ; et dans les autres, elles aiment l'amour.

La pensée serait plus juste en la renversant ainsi :
« Dans les premières passions, les femmes aiment l'a-
« mour ; dans les autres, elles aiment l'amant ».

CCCCLXXIV.

Il y a peu de femmes dont le mérite dure plus que la beauté.

Je me représente l'auteur de cette Maxime, tantôt se rappelant l'ambition de madame de Chevreuse, la légèreté de Ninon, et surtout l'inconstance de madame de Longueville; tantôt environné des La Fayette, des Sévigné, des Scudéry, et de cette aimable madame de Coulanges qui donna tant de charmes à la vieillesse. Alors je me demande : La Rochefoucauld a-t-il voulu se venger des premières, ou offrir aux secondes une marque de son estime ?

CCCCLXXIX.

Il n'y a que les personnes qui ont de la fermeté qui puissent avoir une véritable douceur ; celles qui paraissent douces n'ont d'ordinaire que de la faiblesse, qui se convertit aisément en aigreur.

Il est une autre espèce de douceur que Vauvenargues a très-bien désignée dans la Maxime suivante :
« Il n'y a guère de gens plus aigres que ceux qui
« sont doux par intérêt. »

CCCCLXXXIX.

Quelque méchants que soient les hommes, ils n'oseraient paraître ennemis de la vertu; et lorsqu'ils la veulent persécuter, ils feignent de croire qu'elle est fausse, ou ils lui supposent des crimes.

S'efforcer de prouver qu'un vice est le principe de nos plus belles actions, n'est-ce pas aussi *feindre de croire que la vertu est fausse, et la persécuter?* Tel est cependant le système de La Rochefoucauld ; sa condamnation est dans cette Maxime ; mais on se demande en vain dans quel but il l'a écrite. Veut-il faire entendre que son livre n'est qu'un jeu brillant de son esprit? ou prétend-il renverser, par son exemple, sa théorie de vanité et d'amour-propre, en nous démontrant qu'il peut, avec la même indifférence, faire la critique de son ouvrage et la satire du cœur humain? Quoi qu'il en soit, il est au moins permis de conclure de cette Maxime, que l'auteur ne tenait pas beaucoup à des opinions qu'il traitait avec tant de mépris.

CCCCXCI.

L'extrême avarice se méprend presque toujours ; il n'y a point de passion qui s'éloigne plus souvent de son but, ni sur qui le présent ait tant de pouvoir, au préjudice de l'avenir.

Tous les vices se méprennent ainsi, tous s'éloignent de leur but, qui est le bien-être matériel ; et c'est une chose qui devrait être dite au moins une fois dans chaque livre. Rien ne nous est défendu que ce qui fait notre malheur : l'intempérance et l'incontinence, parce qu'elles ruinent notre santé ; la colère et l'orgueil, parce qu'ils aveuglent notre raison ; l'avarice, parce qu'elle contraint d'acquérir et défend de jouir ; la paresse, parce qu'elle enfante la misère ;

et l'irréligion, parce qu'elle nous laisse sans appui et sans vertu.

CCCCXCII.

L'avarice produit souvent des effets contraires : il y a un nombre infini de gens qui sacrifient tout leur bien à des espérances douteuses et éloignées; d'autres méprisent de grands avantages à venir pour de petits intérêts présents.

L'auteur confond ici l'avidité, la cupidité et l'avarice, passions qui ont peut-être une source commune, mais dont les effets sont bien différents. L'homme avide est presque toujours pressé de posséder, et souvent il sacrifie de grands avantages à venir à de petits intérêts présents : le cupide, au contraire, méprise les avantages présents pour de grandes espérances dans l'avenir : tous deux veulent posséder et jouir. Mais l'avare possède et ne jouit que du plaisir de posséder, il ne hasarde rien, il ne donne rien, il n'espère rien; toute sa vie est concentrée dans son coffre-fort; hors de là, il n'a plus de besoin !

CCCCXCV.

Il faut que les jeunes gens qui entrent dans le monde soient honteux ou étourdis : un air capable et composé se tourne d'ordinaire en impertinence.

Cette observation appuie celle de Plutarque, qui compare la timidité des jeunes gens à une plante inutile, mais dont la présence décèle toujours un bon terrain. Le vieux Caton disait aussi qu'il fallait préférer les jeunes gens qui rougissaient à ceux qui pâlissaient; les uns ne témoignant que la crainte d'être blâmés, tandis que dans les autres on voyait la crainte d'être convaincus.

CCCCXCVII.

Il ne sert de rien d'être jeune sans être belle, ni d'être belle sans être jeune.

Maxime trop générale. La jeunesse tient souvent lieu de beauté, et l'exemple de Ninon prouve que la beauté peut quelquefois tenir lieu de jeunesse.

DI.

L'amour, tout agréable qu'il est, plaît encore plus par les manières dont il se montre, que par lui-même.

Cette Maxime renferme dans un tour délicat une pensée fine, spirituelle et galante, mais elle fait voir aussi que La Rochefoucauld ne connut jamais le véritable amour; et, pour me servir de ses propres expressions, son esprit en eut la connaissance, mais elle ne passa jamais jusqu'à son cœur[1]. Au reste, cet aveu lui est échappé plusieurs fois, puisqu'on lit dans les Mémoires de Segrais : « La Rochefoucauld disait « avoir vu l'amour dans les romans, mais ne l'avoir « jamais éprouvé[2]. »

---

[1] Ce singulier aveu termine le portrait que La Rochefoucauld a tracé de lui-même. (*Voyez* page 9.)

[2] *Mémoires de Segrais*, p. 82.

DIV.

Après avoir parlé de la fausseté de tant de vertus apparentes, il est raisonnable de dire quelque chose de la fausseté du mépris de la mort. *J'entends parler de ce mépris de la mort que les païens se vantent de tirer de leurs propres forces, sans l'espérance d'une meilleure vie.* Il y a différence entre souffrir la mort constamment et la mépriser. Le premier est assez ordinaire ; mais je crois que l'autre n'est jamais sincère. On a écrit néanmoins tout ce qui peut le plus persuader que la mort n'est point un mal, et les hommes les plus faibles, aussi bien que les héros, ont donné mille exemples célèbres pour établir cette opinion. Cependant je doute que personne de bon sens l'ait jamais cru ; et la peine que l'on prend pour le persuader aux autres et à soi-même, fait assez voir que cette entreprise n'est pas aisée. On peut avoir divers sujets de dégoût dans la vie ; mais on n'a jamais raison de mépriser la mort. Ceux même qui se la donnent volontairement ne la comptent pas pour si peu de chose, et ils s'en étonnent et la rejettent comme les autres, lorsqu'elle vient à eux par une autre voie que celle qu'ils ont choisie. L'inégalité que l'on remarque dans le courage d'un nombre infini de vaillants hommes, vient de ce que la mort se découvre différemment à leur imagination, et y paraît plus présente en un temps qu'en un autre. Ainsi il arrive qu'après avoir méprisé ce qu'ils ne connaissent pas, ils craignent enfin ce qu'ils connaissent. *Il faut éviter de l'envisager avec toutes ses circonstances, si on ne veut pas croire qu'elle soit le plus grand de tous les maux.* Les plus habiles et les plus braves sont ceux qui prennent de plus honnêtes prétextes pour s'empêcher de la considérer : *mais tout homme qui la sait voir telle qu'elle est, trouve que c'est une chose épouvantable.* La nécessité de mourir faisait toute la constance des philosophes. Ils croyaient qu'il fallait aller de bonne grâce où l'on ne saurait s'empêcher d'aller ; et, ne pouvant éterniser leur vie, il n'y avait rien qu'ils ne fissent pour éterniser leur réputation, et sauver du naufrage ce qui en peut être garanti. *Contentons-nous, pour faire bonne mine, de ne nous pas dire à nous-mêmes tout ce* ce que nous en pensons, et espérons plus de notre tempérament que de ces faibles raisonnements, qui nous font croire que nous pouvons approcher de la mort avec indifférence. La gloire de mourir avec fermeté, l'espérance d'être regretté, le désir de laisser une belle réputation, l'assurance d'être affranchi des misères de la vie et de ne dépendre plus des caprices de la fortune, sont des remèdes qu'on ne doit pas rejeter. Mais on ne doit pas croire aussi qu'ils soient infaillibles. Ils font pour nous assurer ce qu'une simple haie fait souvent à la guerre, pour assurer ceux qui doivent approcher d'un lieu d'où l'on tire. Quand on en est éloigné, on s'imagine qu'elle peut mettre à couvert; mais quand on en est proche, on trouve que c'est un faible secours. C'est nous flatter, de croire que la mort nous paraisse de près ce que nous en avons jugé de loin, et que nos sentiments, qui ne sont que faiblesse, soient d'une trempe assez forte pour ne point souffrir d'atteinte par la plus rude de toutes les épreuves. *C'est aussi mal connaître les effets de l'amour-propre, que de penser qu'il puisse nous aider à compter pour rien ce qui le doit nécessairement détruire;* et la raison, dans laquelle on croit trouver tant de ressources, est trop faible en cette rencontre pour nous persuader ce que nous voulons. C'est elle au contraire qui nous trahit le plus souvent, et qui, au lieu de nous inspirer le mépris de la mort, sert à nous découvrir ce qu'elle a d'affreux et de terrible. *Tout ce qu'elle peut faire pour nous, est de nous conseiller d'en détourner les yeux pour les arrêter sur d'autres objets. Caton et Brutus en choisirent d'illustres. Un laquais se contentait, il y a quelque temps, de danser sur l'échafaud où il allait être roué.* Ainsi, bien que les motifs soient différents, ils produisent les mêmes effets; de sorte qu'il est vrai que, quelque disproportion qu'il y ait entre les grands hommes et les gens du commun, on a vu mille fois les uns et les autres recevoir la mort d'un même visage; mais ç'a toujours été avec cette différence que, dans le mépris que les grands hommes font paraître pour la mort, c'est l'amour de la gloire qui leur en ôte la vue; et dans les gens du commun, ce n'est qu'un effet de leur peu de lumières qui les empêche de connaître la grandeur de leur mal, et leur laisse la liberté de penser à autre chose.

Pour bien apprécier l'esprit de cette Maxime, il faut se rappeler les principes de l'auteur, et tracer un tableau rapide de toute sa doctrine. Il a dit : La modération[1], la clémence[2], la justice[3], l'amitié[4], la reconnaissance[5], la libéralité[6], la pitié[7], n'existent qu'en apparence, et ne se pratiquent que par vanité, par crainte, ou par égoïsme. Le vice n'a rien d'odieux, la vertu n'a rien de louable ; ils sont l'effet d'un pouvoir que l'homme ne peut changer[8], c'est l'influence du tempérament[9], c'est l'œuvre des organes[10] : que s'il est de beaux dévouements, de hautes vertus, on n'arrive jusque-là qu'autant qu'on est conduit par le vice[11]. En un mot, nous n'agissons que par intérêt ; or, il est dans notre intérêt d'être méchant, parce qu'il y a moins de danger à faire du mal qu'à faire trop de bien[12] : voilà l'homme tel que l'a fait l'auteur des *Maximes !* Et si un tel homme existe, doit-on s'étonner de le voir effrayé de sa dernière heure ? La peur est la conséquence des actions, comme la

[1] Maxime 18.
[2] Id. 16.
[3] Id. 78.
[4] Id. 83.
[5] Id. 223.
[6] Id. 63.
[7] Maxime 264.
[8] Id. 177.
[9] Id. 297.
[10] Id. 44.
[11] Id. 200.
[12] Id. 238.

maxime est la conséquence du système. En effet, l'écrivain qui s'est efforcé d'anéantir la vertu devait nous considérer comme des êtres stupides que la nature pousse d'une main dédaigneuse vers la mort, *chose épouvantable!* Mais, pour la représenter ainsi, songez à tout ce qu'il a fait, et voyez tout ce qu'il va faire. Ce n'est pas dans la vérité qu'il raisonne, c'est dans l'erreur ; il l'établit pour en étayer sa doctrine ; il dit : « Je considère la mort *comme les païens, sans l'espérance d'une meilleure vie.* » Ainsi, caché sous le manteau de quelques anciens sophistes, et se croyant en sûreté, il se hâte de tout dire : la honte de l'athéisme ne retombera pas sur sa tête. Dès lors ce qui n'était qu'une supposition devient un principe, sur lequel repose non la doctrine des anciens, mais la sienne. Il ne présente pas l'homme à la mort, il le présente au néant, et il s'étonne de ses cris d'effroi! Dans cette extrémité il le montre la rougeur sur le front, le blasphème à la bouche, s'attachant même à ses douleurs, et, semblable au Satan de Milton, préférant les tourments de l'enfer à l'horreur de n'être pas. Ainsi ce n'est pas la terreur de la mort qui fait le sujet de cette dernière Maxime, c'est la terreur du néant : et cette *terreur*, loin d'être une cruauté de la nature, est un de ses plus grands bienfaits. La Rochefoucauld l'avait donc entendue aussi, cette voix secrète de sa conscience qui lui révélait son immortalité!

« Être des êtres, Dieu créateur de mon intelli-
« gence qui vous conçoit, serait-il vrai que la vie
« fût un présent si funeste? Elle est, je l'avoue, un
« mélange de joie et de misère, de travail et de
« repos, et vous nous y avez attachés par un double
« lien, l'amour du plaisir et la crainte de la douleur.
« Je reconnais que cette barrière, posée par vos puis-
« santes mains, était nécessaire pour nous arrêter
« quelques moments dans cette vallée de larmes!
« Sans elle, nous nous serions précipités vers vous
« pour jouir de votre gloire et de vos bienfaits; car,
« attendu que je suis capable de croire à vous, je
« sens que vous êtes; et, attendu que je suis capable
« de beaucoup souhaiter, je sens que vous êtes ca-
« pable de beaucoup donner. Mais parce qu'il n'est
« pas entré dans vos plans de nous inspirer le mépris
« de la mort, s'ensuit-il que la mort soit une chose
« horrible, et que l'effroi qu'elle inspire soit un sen-
« timent général? Les petits enfants, que déjà vous
« avez attachés à la vie par le plaisir, ignorent ces
« craintes douloureuses : comme les fleurs superflues
« de nos vergers, poussées par un doux zéphyr,
« tombent doucement sur le gazon, de même nos
« enfants, ces tendres fleurs du genre humain, tom-
« bent chaque jour entre les bras de la mort. S'il
« est des craintes dans un autre âge, elles ne vien-
« nent pas tant de notre amour pour la vie, que de

« nos criminelles défiances envers vous qui nous
« l'avez donnée; et cependant rien ne nous annonce
« que vous soyez cruel! Toutes vos œuvres sont des
« bienfaits; partout je vois votre justice, partout la
« nature m'avertit de votre bonté. La grandeur de
« mon intelligence devrait seule m'effrayer, car elle
« m'unit à vous; et mon âme embrasse à la fois
« l'immensité et l'éternité, puisqu'elle vous connaît.
« Oui, tout nous dit que vous êtes, et que vous êtes
« bon : cette joie de faire le bien qui nous élève à
« vous, cette inquiétude de l'immortalité, ces ambi-
« tions sans bornes, ce souci du plaisir d'aimer,
« notre ivresse, nos ravissements, nos douleurs,
« tout nous dit que l'homme n'est lui-même qu'un
« dieu exilé.

« La plainte est donc une ingratitude; et le plus hor-
« rible des blasphèmes est de dire : *la mort est un mal.*
« Quoi! nous ne recevons la vie que pour aller à la
« mort, et la mort serait un mal? Il y aurait un sup-
« plice inévitable avant qu'il y eût un crime com-
« mis? L'horreur de cette assertion, ô mon Dieu, en
« prouve la fausseté; car il s'ensuivrait que tant
« d'êtres innocents étant condamnés, vous cesseriez
« d'être juste, d'être bon; vous cesseriez d'être Dieu,
« votre essence étant la bonté et la justice. Ah!
« sans doute il en coûterait moins alors de rejeter votre
« existence, que de supposer celle d'un tyran. »

Ainsi, la crainte de la mort conduit les esprits élevés à l'athéisme, comme elle conduit les esprits vulgaires à la superstition. D'où je conclus qu'un pareil sentiment ne peut être qu'un mensonge, parce qu'il ne peut produire que du mal.

Mais la mort, loin d'être la plus *épouvantable des choses*, est le plus grand des biens. Considérée dans l'ensemble de la création, elle est, comme dit Montaigne, une des pièces de l'ordre de l'univers. Elle devait y régner, puisque la douleur y règne! elle devait y régner, puisque le crime y règne! elle devait y régner pour terminer les maux du juste et le triomphe du méchant! La voici assise aux portes de l'éternité; les infortunés la bénissent, comme l'unique refuge où l'homme ne peut atteindre l'homme. Osez donc la bannir de ce monde, ou plutôt écoutez la nature qui vous dit : « Si vous n'aviez la mort, vous me maudiriez de vous en avoir privés[1]. »

Non-seulement il ne la faut pas craindre, mais il la faut chérir, parce que son amour doit nous faire vivre heureusement. Aimer la mort, c'est s'ôter la moitié des peines de la vie ; c'est s'ouvrir une perspective qui rend le malheur supportable et la vertu facile. J'ai perdu ma fortune : irai-je regretter ce qu'il faut quitter sitôt et si certainement? J'ai perdu un ami : lui envierai-je le bonheur d'être arrivé

---

[1] *Essais*, livre I, cap. 19.

plus tôt que moi au terme de mes désirs ? Suis-je, comme Épictète, accablé sous le poids de la misère et des infirmités? j'entrevois l'heure sacrée du repos, qui m'apprend que je suis aimé des dieux. Enfin, les satellites d'un tyran me demandent-ils une action infâme? je leur réponds, comme les Lacédémoniens à Antipater : « Si tu nous commandes choses plus « griefves que la mort, nous en mourrons tant plus « facilement [1]. » La vie est une épreuve imposée au genre humain ; c'est l'apprentissage d'un état plus digne de nous : bonne, je la quitte sans peine, ainsi qu'une tâche agréable finie avec le jour ; mauvaise, je la supporte, parce que la mort m'encourage et me rassure. Que fait d'ailleurs sa brièveté ? « La plus lon-« gue vie, dit Plutarque, n'est pas la meilleure, mais « bien la plus vertueuse. On ne loue pas celui qui a « le plus longuement harangué ou gouverné, mais « celui qui l'a bien fait [2]. » La mort est donc un bien qui ne me saurait manquer ; je marche à elle joyeusement, heureux si je pouvais hâter son secours par quelque action vertueuse ! Mourir pour la patrie, pour l'humanité, c'est hâter notre récompense. Et qui ne s'écrie alors, avec Épaminondas : « Embrassons la mort sacrée, non comme une nécessité, mais comme le plus grand des biens ! »

---

[1] PLUTARQUE, *Apophth. des Lacédémoniens.*
[2] *Consolations à Apollonius*, § 33.

« Mais, dites-vous, un laquais sait aussi braver la mort. » Insensé, qui ne distinguez pas la fureur de la vertu! Un *laquais* criminel *est mort en dansant*, et vous opposez au courage, à la résignation des plus grands hommes, la bassesse d'un misérable qui connaissait si peu le prix de la vie, qu'il a donné et sa vie et son âme pour un crime! Croyez-vous que s'il avait compris, je ne dis pas comme Fénelon, mais comme le dernier des chrétiens, que la mort est un bienfait, il s'y serait préparé par des actions infâmes? Ceux qui connaissent la mort ne la méprisent pas, ils l'aiment; et c'est le défaut de lumière qui empêche de sentir non la grandeur d'un tel mal, mais l'immensité d'un tel bien.

Ainsi, l'auteur débute par soutenir qu'on ne peut avoir du courage contre la mort; et il termine en cherchant à déshonorer, par un rapprochement avilissant, les païens mêmes qui ont eu ce courage.

Une religion qui n'enseigne que l'amour aurait pu me fournir contre mon adversaire des armes invincibles. Mais devais-je en faire usage pour renverser un prétendu traité de morale, où le « NOM DE DIEU NE SE TROUVE PAS UNE SEULE FOIS? » Qu'on ne s'étonne donc plus des erreurs de La Rochefoucauld. C'est une vérité que le monde entier révèle, que nous ne pouvons, sans nous égarer, oublier un moment la plus haute de nos pensées : CELLE DE DIEU!

J'ai donc préféré combattre l'auteur des *Maximes* à armes égales, d'autant que, dès l'entrée de la carrière, il s'était refusé à toute autre lutte, en s'exprimant ainsi : « J'entends parler de ce mépris de la « mort que les païens se vantent de tirer de leur « propre force, sans l'espérance d'une meilleure « vie. » Comme si Épictète, Marc-Aurèle, Socrate, et tant d'autres, étaient morts sans espérance ! Je le demande, l'erreur d'un système n'est-elle pas démontrée lorsque son auteur, pour lui donner un air de vraisemblance, est obligé de raisonner dans la supposition que tout meurt avec nous ?

Mais force était à lui de partir d'un faux principe, pour n'être pas renversé par sa propre conviction avant même d'avoir combattu.

FIN DE L'EXAMEN CRITIQUE.

TABLE GÉNÉRALE

DES MATIÈRES

CONTENUES DANS LES RÉFLEXIONS OU SENTENCES ET MAXIMES
MORALES DE LA ROCHEFOUCAULD.

Les Maximes sont désignées par la lettre M, et les Réflexions par la lettre R.

Accent du pays, M. 342.
Accidents malheureux, heureux, M. 59.
Actions éclatantes, M. 7 ;
— grandes, M. 57 ;
— louables ou blâmables, M. 58.
— Action qui n'est pas l'effet d'un grand dessein, M. 160.
— Rapport des actions aux desseins, M. 161.
— Elles sont comme les bouts-rimés, M. 382.
— Belles actions, M. 409.
Adroit (Esprit), R. 2.
Affaires, M. 453.
— Esprit d'affaires, R. 2.
Affectation, M. 134.
Afflictions, hypocrisie dans nos afflictions, M. 232.
— Affliction comparée au regret, M. 355.
— Affliction des femmes qui perdent leurs amants, M. 362.
Ages de la vie, M. 405.
Agrément séparé de la beauté, M. 240.
— En quoi consiste l'agrément, M. 255.
— Agrément de la conversation, R. 5.

Air d'élévation, M. 399 ;
— bourgeois, M. 393 ;
— composé, M. 495.
— De l'air et des manières, R. 7.
Amants ; ne s'ennuient point d'être ensemble, M. 312.
— Pourquoi les femmes pleurent-elles leur mort ? M. 362.
— Le premier amant, M. 396.
— Les femmes aiment-elles l'amant ou l'amour ? M. 471.
Ambition ; à quoi on la reconnaît dans les grands hommes, M. 24.
— cachée, M. 91 ;
— déguisée en générosité, M. 246 ;
— opposée à la modération, M. 293 ;
— et à l'amour, M. 490.
Ame ; ses qualités sont difficiles à connaître, M. 80.
— Faiblesse de la santé de l'âme, M. 188.
— Rechutes dans les maladies de l'âme, M. 194.
Ami ; confiance que l'on doit avoir en lui, R. 1, Voyez *Amitié.*
Amitié ; cause de son inconstance, M. 80.
— Amitié vraie et parfaite, M. 81.
— Principe des réconcialiations, M. 82.
— Définition de l'amitié, M. 83.
— Défiance des amis, nécessaire, M. 84.
— Amitié produite par l'intérêt, M. 85.
— Manière dont nous jugeons le mérite de nos amis, M. 88.
— De l'ingratitude, M. 96.
— De la trahison en amitié, M. 114.
— Légèreté de nos plaintes contre nos amis, M. 179.
— Disgrâces de nos amis, M. 235.
— Exagération de la tendresse de nos amis, M. 279.
— On n'aime pas deux fois celui qu'on a cessé d'aimer, M. 286.
— Rapport de l'admiration à l'amitié, M. 294 ;
— Et à l'estime, M. 296.
— De ceux qui aiment trop, M. 321.
— Le plus grand effort de l'amitié, M. 410.
— Des amis qui nous ont trompés, M. 434

Amitié. L'amitié est fade quand on a senti l'amour, M. 440.
— Ignorance de l'amitié, M. 441.
— Rareté d'un véritable ami, M. 473.
— comparée à la société, R. 4.
Amour ; sa définition, M. 68.
— Amour pur, M. 69.
— L'amour est difficile à cacher et à feindre, M. 70.
— De ceux qui ne s'aiment plus, M. 71.
— L'amour ressemble à la haine, M. 72.
— Il est rare que les femmes n'aient qu'un amant, M. 73.
— Il y a mille copies de l'amour, M. 74.
— Mouvement continuel de cette passion, M. 75.
— Rareté du véritable amour, M. 76.
— L'amour n'est souvent qu'un masque, M. 77.
— Principe secret de l'amour, M. 83.
— Passage de l'amour à la haine, M. 111.
— Des femmes qui font l'amour, M. 131.
— Des gens amoureux, M. 136.
— Constance en amour, M. 175 ;
— Elle est de deux sortes, M. 176.
— Plaisir véritable de l'amour, M. 259.
— Ce n'est que l'amour de soi, M. 262.
— On n'aime pas sa maîtresse pour l'amour d'elle, M. 374.
— Contentement difficile en amour, M. 385.
— Du premier amant, M. 396.
— Qui est le mieux guéri en amour, M. 417.
— Gens qui ne doivent plus parler de l'amour, M. 418.
— Amitié fade auprès de l'amour, M. 440.
— Ignorance heureuse en amour, M. 441.
— Amour moins rare que l'amitié, M. 473.
— Ambition plus forte que l'amour, M. 490.
— Manières de l'amour plus agréables que lui, M. 501.
Amour-propre, le plus grand de tous les flatteurs, M. 2.
— Il est encore inconnu, M. 3.
— Son habileté, M. 4.

Amour-propre. Attachement ou indifférence qu'il donne pour la vie, M. 46.

— On est heureux quand il est satisfait, M. 48.

— Il se satisfait même en exagérant le mérite des autres, M. 143.

— Comment il se distingue de l'orgueil, M. 228.

— La bonté n'est qu'un déguisement de l'amour-propre, M. 236.

— La fidélité est une invention de l'amour-propre, M. 247.

— L'éducation est un second amour-propre. M. 261.

— Règne puissamment en amour; M. 262.

— Amour-propre de ceux qui ont tort, M. 386.

— Il les éclaire quelquefois, M. 494.

— Effet de l'amour-propre sur les gens amoureux, M. 500.

Application aux petites choses, M. 41.

— Elle manque plus que les moyens, M. 243.

Approbation, elle n'est que passagère, M. 51.

— Elle vient souvent de l'envie, M. 280.

Avarice, opposée à l'économie, M. 167.

— Erreurs de cette passion, M. 491.

— Ses effets contraires, M. 492.

Avidité, M. 66.

B.

Beauté, séparée de l'agrément, M. 240.

— Ne sert de rien sans la jeunesse, M. 497.

— Beauté des productions d'esprit, R. 2.

Bel esprit, R. 2.

Belles actions, M. 432.

Bien; objet de ceux qui en font, M. 121.

— Peu savent le faire, M. 301.

— Sentiment de nos biens, M. 339.

— La raison fait ménager notre bien, M. 365.

— Du bien que l'on dit de nous, M. 454.

— Excès de biens, M. 464.

Bienfaits; produisent la haine, M. 14.

— Distinction de ceux qui font et ne font point d'ingrats. M. 299

Bienfaits. Rareté de l'art de les faire, M. 301.
Bienséance, M. 447.
Bon esprit, R. 2.
Bon goût, M. 258.
— Il est très-rare, R. 3.
Bonheur, grossi ou diminué par l'imagination, M. 49.
— Il dépend de notre humeur, M. 61.
Bon sens, ressemble à la bonne grâce, M. 67.
— Quels sont les gens de bon sens? M. 347.
Bonne grâce, M. 67.
— Elle convient à tout le monde, R. 7.
Bonté, produite par l'amour-propre, M. 236.
— Ce n'est souvent que paresse, M. 237.
— Un sot ne peut être bon, M. 387.
— Rareté de la bonté véritable, M. 481.
Bouts-rimés, M. 382.
Bravoure. Voyez *Valeur.*
Brillant (Esprit), R. 2.

C.

Chasteté, M. 1.
Citer, celui qui se cite à tous propos, R. 5.
Civilité, M. 260.
Clémence des princes, M. 15.
— Principe de la clémence, M. 16.
Cœur; il entraîne loin du but, M. 43.
— On dit du bien de son cœur, M. 98.
— L'esprit est la dupe du cœur, M. 102.
— On connaît difficilement son cœur, M. 103.
— Il ne peut être suppléé par l'esprit, M. 108.
— Du cœur des femmes, M. 346.
— Contrariétés du cœur humain, M. 478.
Comédie, R. 3.
Commerce des honnêtes gens, R. 4.

Compassion de nos ennemis, M. 463.

Complaisance, R. 4.

Conduite; n'est quelquefois ridicule qu'en apparence, M. 163

— Elle est quelquefois corrigée par la fortune, M. 227.

Confiance des grands, M. 239.

— La raison nous fait ménager notre confiance, M. 365.

— Elle fournit à la conversation, M. 421.

— Principe de notre confiance, M. 475.

— Réflexions sur la confiance, R. 1.

— Elle est nécessaire dans le commerce des honnêtes gens, R. 4.

Confidences, R. 1.

Connaissances; pourquoi elles sont superficielles, M. 106.

— Nous ne connaissons pas même nos volontés, M. 295.

— Connaissance de l'homme, M. 436.

— D'où viennent les bornes de nos connaissances? M. 482.

Conseils; se donnent libéralement, M. 110.

— Manière de les demander ou de les donner, M. 116.

— Combien il est habile de profiter d'un bon conseil, M. 283.

— Les conseils ne dirigent la conduite de personne, M. 378.

Consolation, M. 325.

Constance pour les maux d'autrui, très-facile, M. 19.

— Qu'est-ce que la constance des sages? M. 20.

— De la constance de ceux qui marchent au supplice, M. 21.

— De la constance en amour, M. 175.

— Elle est de deux sortes, M. 176.

— De la constance dans le malheur, M. 420.

Conter, M. 313.

Contrariétés, M. 478.

Conversation; moyen de la rendre agréable, M. 139.

— Ce qui y fournit le plus, M. 421.

— Réflexions sur la conversation, R. 5.

Coquetterie; espèce de coquetterie, M. 107.

— Définition de celle des femmes, M. 241.

— Les femmes la donnent pour de la passion, M. 277 ;

— Et ne la connaissent pas, M. 332.

Coquetterie. Elles ne peuvent la vaincre, M. 334.
— C'est un miracle d'en guérir les femmes, M. 349.
— Ce qui peut la détruire, M. 376.
— Pourquoi les coquettes sont-elles jalouses? M. 416.
— Ce que doivent faire celles qui ne veulent point paraître coquettes, M. 418.
Corps, M. 222.
Crimes, source de nos plus grands malheurs, M. 183.
— Le mal ne doit surprendre chez personne, M. 197.
— Le crime trouve plus de protection que l'innocence, M. 465.
Croire le mal, M. 197.
— Sans trop de promptitude, M. 267.
Curiosité de diverses sortes, M. 173.

D.

Défauts; d'où vient que nous les remarquons si bien chez les autres? M. 31.
— Nous plaisons par nos défauts, M. 90.
— Défauts de l'esprit, M. 112.
— On plaît avec des défauts, M. 155.
— Pourquoi les avouons-nous? M. 184.
— Où les grands défauts sont-ils excusables? M. 190.
— De l'âme, M. 194.
— De ceux qui les déguisent, M. 202.
— Les défauts siéent quelquefois, M. 251.
— Pourquoi nous convenons de petits défauts, M. 327.
— Défauts bien mis en œuvre, M. 354.
— Nous nous croyons sans défauts, M. 397.
— Le plus grand tort est de les cacher, M. 411.
— Nous les déguisons, M. 424.
— Défauts que nous pardonnons, M. 428.
— Défauts dont nous nous faisons honneur, M. 442.
— Nous nous les rendons naturels, M. 493.
— De ceux qui ne peuvent avoir de vrais défauts, M. 498.
— Des défauts que l'on peut railler, R. 2.

Defauts. Défauts de nos amis, R. 4.
Défiance; justifie la tromperie, M. 86.
— Effet de celle que nous avons de nous-mêmes, M. 315.
— Elle n'empêche pas que nous ne soyons trompés, M. 366.
Dégoût; se trouve quelquefois auprès du mérite, M. 155.
— Suit quelquefois bientôt l'engouement, M. 211.
Déguisement; nous nous déguisons quelquefois à nous-mêmes, M. 119.
— L'ambition déguisée sous le masque de la générosité, M. 246.
— Faussetés déguisées, M. 282.
Délicatesse, M. 128.
— Beautés délicates, R. 2.
Demi-confidences, R. 1.
Dépendance qui résulte de la confiance, R. 1.
Désirs; seraient plus modérés, sans notre ignorance, M. 439
— Désirs inspirés par la raison, M. 469.
Desseins, l'action n'est rien sans un grand dessein, M. 160.
— Proportion entre les actions et les desseins, M. 161.
Détail (Esprit de), R, 2.
Détourner la conversation, R. 5.
Dévotion, les dévots en dégoûtent, M. 427.
Dignités, R. 7.
Dire; comment il faut dire les choses, R. 5
Discrétion, R. 5.
Docilité, R. 4.
Douceur, M. 479.
— Douceur de l'esprit, R. 2.
Douter, M. 355.
Droiture, M. 502
Dupes, M. 87.

E.

Échange de secrets, R. 1.
Écouter; il faut savoir écouter, R. 5.

DES MATIÈRES. 301

Éducation, M. 461.
Élévation, sa définition, M. 399.
— Il n'y en a point sans mérite, M. 400.
— Comparée à la parure, M. 401.
— Causée quelquefois par la fortune, M. 403.
Éloquence des passions, M. 8;
— Du geste, M. 249.
— Véritable éloquence, M. 250.
— D'où vient le bon goût? M. 258.
Emplois; comment on en paraît digne, M. 164.
— Quand y semblons-nous grands ou petits? M. 419.
— Il est quelquefois impossible de s'y soutenir, M. 449.
Enfants (petits), R. 7.
Ennemis, M. 463.
Ennui; nous nous vantons de ne pas nous ennuyer, M. 141.
— Effet de l'ennui, M. 172.
— Nous ne pardonnons point à ceux que nous ennuyons, M. 304.
— Pourquoi les amants ne s'ennuient point, M. 312.
— Avec qui s'ennuie-t-on presque toujours? M. 352.
— Belles choses qui ennuient, R. 2.
Envie, passion timide, M. 27.
— Distinguée de la jalousie, M. 28.
— Envie secrète, M. 280.
— Effet de l'orgueil sur l'envie, M. 281.
— L'envie est irréconciliable, M. 328.
— L'amitié la détruit, M. 376.
— De celui qui est né sans envie, M. 433.
— Durée de l'envie, M. 476.
— Rareté de ceux qui n'en ont point, M. 486.
Épithètes données à l'esprit, R. 2.
Espérance; produit presque tous nos plaisirs, M. 123.
— Elle nous sert en nous trompant, M. 168.
— Sacrifices faits à nos espérances, M. 492.
Esprit; est entraîné par le cœur, M. 43.

Esprit. Force et faiblesse de l'esprit, M. 44.
— Il est facile de reconnaître les qualités de l'esprit, M. 80.
— Différence de l'esprit et du jugement, M. 97.
— Personne ne dit du bien de son esprit, M. 98.
— La politesse de l'esprit, M. 99.
— Sa galanterie, M. 100.
— Son effet naturel, M. 101.
— Il est la dupe du cœur, M. 102.
— Il est plus facile à connaître que le cœur, M. 103.
— Il ne peut suppléer le cœur, M. 108.
— Des défauts de l'esprit, M. 112.
— L'homme d'esprit, M. 140.
— Des grands et des petits esprits, M. 142.
— Bon usage de notre esprit, M. 174.
— Par où l'esprit doit-il défaillir? M. 222.
— Petitesse d'esprit, M. 265.
— Fertilité de l'esprit, M. 287.
— Défauts dans l'esprit, M. 290.
— Esprit des femmes, M. 340.
— Quand peut-il être réglé? M. 346.
— Différence des grands et des petits esprits, M. 357.
— Esprits médiocres, M. 375.
— Effet des passions sur notre esprit, M. 404.
— De ceux qui n'ont qu'une sorte d'esprit, M. 413.
— A quoi sert quelquefois l'esprit? M. 415.
— Son usage dans la conversation, M. 421.
— Esprit droit, M. 448.
— On est sot avec de l'esprit, M. 456.
— Paresse de l'esprit, M. 482.
— Plus grande que celle du corps, M. 487.
— Quand l'esprit ennuie, M. 502.
— Des différentes sortes d'esprit, R. 2.
— Esprit comparé au goût, R. 3.
— Son usage en société. R. 4.
— Esprit faux, R. 6.

Estime, M. 452.
Établir, M. 56.
État; chacun a un air qui lui convient, R. 7.
Étonnement, M. 384.
Exemple, M. 230.
Expédients, M. 287.
Expressions recherchées, R. 5.

F.

Familiarité, R. 4.
Faussetés déguisées, M. 282.
Fautes : pourquoi nous les reprenons dans les autres, M. 37.
— Quand nous oublions les nôtres, M. 196.
— Nous les connaissons fort bien, M. 494.
Faux (goût), R. 3.
— Du faux, R. 6.
Favoris, M. 55.
Félicité, M. 488.
Femmes qui font l'amour, M. 131.
— Sévérité des femmes, M. 204.
— Leur honnêteté, M. 205.
— En quoi consiste leur vertu, M. 220.
— Leur coquetterie, M. 241.
— Elles la prennent pour de la passion, M. 277.
— Elles ne la connaissent pas, M. 332.
— Principe de leur sévérité, M. 333.
— Elles ne peuvent vaincre leur coquetterie, M. 334.
— Usage qu'elles font de leur esprit, M. 340.
— D'où leur vient la règle qu'elles peuvent avoir? M. 346.
— Pourquoi pleurent-elles un amant mort? M. 362.
— Lassitude des honnêtes femmes, M. 367.
— Principe de leur honnêteté, M. 368.
— Devoir des jeunes femmes, M. 418.
— Pardon des femmes qui aiment, M. 429.

Femmes. Pourquoi les femmes sont peu touchées de l'amitié, M. 410.
— passion qui sied le moins mal aux femmes, M. 466.
— Comment elles aiment, M. 477.
— Durée de leur mérite, M. 474.
Fermeté en amour, M. 477.
— La douceur ne se trouve point sans fermeté, M. 479.
Fidélité dans les hommes, M. 247.
— A sa maîtresse, M. 331.
— Fidélité forcée, M. 381.
Figure; air qui lui convient, R. 7.
Finesse, la plus subtile, M. 117.
— Finesse des habiles gens, M. 124.
— Usage ordinaire de la finesse; M. 125.
— Ce qu'annoncent les finesses, M. 126.
— Qu'arrive-t-il à celui qui se croit plus fin que les autres? M. 127.
— Cause de notre aigreur contre les finesses des autres, M. 350.
— On n'est pas plus fin que tout le monde, M. 394.
— Du ridicule attaché à ceux qui se laissent attraper par des finesses, M. 407.
— Finesse d'esprit, R. 2.
Flatterie; il faut se flatter pour avoir du plaisir, M. 123.
— Flatterie habile, M. 144.
— Ce qui rend la flatterie nuisible, M. 152.
— Pourquoi nous flattons les autres, M. 198.
— Ce que c'est que flatter les princes, M. 320.
— Ce que l'on hait dans la flatterie, M. 329.
Faiblesse, cause fréquente des trahisons, M. 120;
— Est incorrigible, M. 140;
— Se joint à la fausseté, M. 316;
— Est opposée à la vertu, M. 445;
— Prend quelquefois le nom de bonté, M. 481.
Folie; elle nous suit toujours, M. 207.
— Folie de celui qui n'en a point, M. 209.
— Folie des vieillards, M. 210.

Folie. Folie d'être sage tout seul, M. 231.
— Folies contagieuses, M. 300.
— Folie utile, M. 310.
— La folie peut se guérir, M. 318.
Force, plus grande que la volonté, M. 30 ;
— Moindre que notre raison, M. 42.
— Qu'est-ce que la force de l'esprit? M. 44.
— Point de bonté sans force, M. 237.
Fortune; arrange nos vertus, M. 1.
— La bonne fortune fait notre modération, M. 17.
— Compensation de nos fortunes, M. 52.
— La fortune fait les héros, M. 53.
— Sort de ses favoris, M. 60.
— Jointe à l'humeur, elle fait notre bonheur, M. 61.
— Elle corrige mieux que la raison, M. 154.
— Nous sommes jugés par notre fortune, M. 212.
— Notre sagesse est à la merci de la fortune, M. 323.
— Il faut savoir profiter de sa fortune, M. 343.
— La fortune comparée à la lumière, M. 382.
— A qui elle paraît aveugle, M. 391.
— Il faut la gouverner, M. 392.
— Élévation indépendante de la fortune, M. 399.
— La fortune nous élève quelquefois par nos défauts, M. 403.
— Elle gouverne le monde, M. 435.

G.

Galanterie ; on ne trouve guère de femme qui n'en ait eu qu'une, M. 73.
— Galanterie de l'esprit, M. 100.
— Point d'amour dans la galanterie, M. 102.
— Première galanterie des femmes, M. 499.
Générosité; n'est souvent qu'une ambition déguisée, M. 246.
Génie, R. 2.
Gloire des grands hommes, M. 157.
— Pourquoi nous élevons la gloire de quelques hommes, M. 198.

Gloire. Le soin de la gloire n'ôte pas celui de la vie, M. 221.
— Notre bizarrerie sur la gloire, M. 268.
Glorieux M. 307.
Goût; nous ne voulons point que le nôtre soit condamné, M. 13.
— Goûts dans les divers âges, M. 109.
— Leur inconstance, M. 252.
— Le bon goût, M. 258.
— On ne renonce point à son goût, M. 390.
— Si ce n'est par vanité, M. 467.
— Des goûts, R. 3.
— Goût faux, R. 6.
Gouverner, M. 151.
Grands, M. 46.
Grands hommes; moyen d'être un grand homme, M. 343.
— Mort des grands hommes, comparée à celle des gens du commun, M. 504.
Gravité, M. 257.
Grossier; avantage de l'être, M. 129.
— Défaut des jeunes gens, M. 372.

H.

Habile; ne peut tromper l'homme grossier, M. 129.
— Ceux qui se croient plus habiles que nous, nous déplaisent, M. 350.
Habileté; tire parti de tout, M. 59.
— Elle doit se cacher, M. 199.
— Habileté déguisée pa rla niaiserie, M. 208.
— La souveraine habileté, M. 244.
— Il faut savoir la cacher, M. 245.
— Celle que n'a personne, M. 269.
— Habileté relative aux conseils, M. 283.
— En quoi consiste la grande habileté, M. 288.
— Elle est developpée par les passions, M. 404.
Habitude; effet de la longue habitude, M. 426.

Habitude, celle qui rend notre esprit paresseux, M. 482.
Haine, M. 338.
Hasard, M. 57.
Héros faits comme les autres hommes, M. 24.
— La fortune les fait, M. 53.
— Ce qu'eux seuls peuvent avoir, M. 190.
Homme; erreur qui lui est naturelle, M. 43.
— Il est dupe en société, M. 87.
— Il a son point de perspective, M. 104.
— Difficulté de le reconnaître, M. 436.
— Moyen de juger son mérite, M. 437.
Honnête femme; principe de son honnêteté, M. 205.
Leur métier les fatigue M. 367.
— A quoi tient leur vertu, M. 358.
Honnête homme; distinction des honnêtes gens faux ou vrais, M. 202.
— Vrai honnête homme, M. 203.
— Il veut être exposé à la vue des honnêtes gens, M. 206.
— Comment peut-il être amoureux? M. 253.
Honnêteté, M. 205 ;
— dans la conversation, R. 5.
Honneur, M. 270.
Honte; son effet, M. 220.
— Elle peut toujours s'effacer, M. 412.
— Ce qui rend sa douleur aiguë, M. 446.
Humeur; ses effets, M. 7.
— Principe de la modération, M. 17.
— Son caprice, M. 45
— Elle met le prix à tout, M. 47.
— Elle fait notre bonheur ou notre malheur, M. 61.
— Ses défauts, M. 290.
— Ce qu'on en peut dire, M. 292.
— Les humeurs du corps, M. 297.
— Qui sont ceux qui voient par leur humeur? M. 414.
— Elle gouverne le monde, M. 435.

Humeur. Ce qui la calme ou l'agite, M. 488.
— Effet de l'humeur sur la raillerie, R. 2.
— Gens opposés d'humeur, R. 4.
Humilité; ce qu'elle est souvent, M. 253.
— Ce qui doit le plus humilier les hommes de mérite, M 272
— Humilité chrétienne, M. 358.
Hypocrisie; sa définition, M. 218.
Diverses sortes d'hypocrisie dans nos afflictions, M. 233.

I.

Illusion, M. 123.
Imitation; naturelle à l'homme, M. 230.
— On aime à imiter, R. 5.
Incommode; moyen assuré de l'être, M. 242.
— Les gens incommodes arrachent quelquefois des récompenses, M. 403.
— On l'est avec de l'esprit, R. 2.
Inconstance; ce qui la suit, M. 71.
— Ce qui la cause, M. 80.
— La constance n'est qu'une inconstance véritable, M. 175.
— Deux sortes d'inconstance, M. 181.
— Quand on est sûr de ne pas la trouver, M. 306.
Indiscrétion, M. 429.
Infidélité; devrait éteindre l'amour, M. 359.
— Quelle est celle qui décrie le plus? M. 360.
— Elle vaut mieux qu'un amour forcé, M. 381.
— Les petites infidélités, M. 429.
Infortunes, M. 174.
Ingratitude; est accompagnée de haine, M. 14.
— Souvent causée par le bienfaiteur, M. 96.
— Espèce d'ingratitude, M. 226.
— Quand n'y est-on point exposé? M. 306.
— Quand on peut la désirer, M. 317.
Injures, M. 14.
Innocence, M. 465.

Instinct, R. 3.

Intérêt; prend toutes les formes, M. 39.

— Il éclaire et aveugle, M. 40.

— L'homme habile sait régler ses intérêts, M. 66.

— Comment l'intérêt produit l'amitié, M. 85.

— Les vertus se perdent dans l'intérêt, M. 171.

— L'intérêt comparé à l'ennui, M. 172.

— Le nom de la vertu sert l'intérêt, M. 187.

— Il est le principe de nos afflictions, M. 232.

— Il met tout en œuvre, M. 253.

— Il étouffe le bon naturel, M. 275.

— Effet qu'il produit, M. 302.

— Il mérite souvent d'être loué, M. 305.

— Il est moins fréquent que l'envie, M. 486.

— La douceur les concilie, R. 4.

Intrépidité; sa définition, M. 217.

J.

Jalousie; est plus juste que l'envie, M. 28.

— Ce qu'elle devient par la certitude, M. 32.

— Son principe, M. 324.

— Ce qui l'empêche, M. 336.

— Ceux qui en sont dignes, M. 359.

— Sa naissance et sa mort, M. 361.

— Les coquettes s'en font honneur, M. 406.

— Ce qui rend ses douleurs aiguës, M. 446.

— Bizarrerie de l'orgueil sur la jalousie, M. 472.

— La jalousie est le plus grand de tous les maux, M. 503.

Jeunesse; change ses goûts, M. 109.

— C'est une ivresse, M. 271.

— Ses passions, M. 341.

Attribut nécessaire de la jeunesse, M. 495.

— Ce qui la rend inutile aux femmes, M. 497.

Jeunes gens; leur défaut ordinaire, M. 473.

Jeunes gens. Ce qu'il faut qu'ils soient, M. 495.
— Leur sorte d'esprit, R. 2.
Jugement; personne ne se plaint du sien, M. 82.
— Sa définition, M. 97.
— Notre bizarrerie sur le jugement des hommes, M. 268.
— On n'est jamais sot avec du jugement, M. 456.
Justice; jugements de nos ennemis, M. 458.
— Qu'est-ce que l'amour de la justice? M. 78.

L.

Larmes; ce qui les cause, M. 233.
— Pourquoi les femmes en répandent, M. 362.
— De certaines larmes, M. 373.
Légèreté; comment nous la justifions quelquefois, M. 179.
— Extrême légèreté, M. 498.
Libéralité, moins opposée à l'économie que l'avarice, M. 167.
— Ce qu'est le plus souvent la libéralité, M. 263.
Liberté, nécessaire en société, R. 4.
Limites qui doivent être mises à la confiance, R. 1.
Louanges; nous en donnons pour en recevoir, M. 143.
— C'est une flatterie habile, M. 144.
— Louanges empoisonnées, M. 145.
— Pourquoi loue-t-on? M. 146.
— Le blâme doit quelquefois être préféré à la louange, M. 147
— Louange qui médit, M. 148.
— Refus des louanges, M. 149.
— Effet des louanges, M. 150.
— On loue pour blâmer, M. 198.
— Seule bonté louable, M. 237.
— De ceux qui ont mérité de grandes louanges, M. 272.
— Louanges des princes, M. 320.
— Qui louons-nous de bon cœur? M. 356.
— Louange utile, M. 132.

M.

Magistrat; R. 6.
Magnanimité; pourquoi elle méprise tout, M. 248.
— Sa définition, M. 285.
Mal; moyen caché de le faire impunément, M. 121.
— Il ne doit surprendre chez personne, M. 197.
— Mal que l'on dit de nous, M. 454.
— Excès de maux, M. 464. Voyez *Maux*.
Malheur; est toujours trop grand dans l'imagination, M. 49.
— Pourquoi l'on s'en fait honneur, M. 50.
— De quoi il dépend, M. 61.
— Quel est le plus grand de tous? M. 183.
Manières, R. 7.
Mariage, M. 113.
Maux d'autrui, M. 19.
— Maux présents, M. 22.
— Ils doivent être balancés par les biens, M. 229.
— Mal le plus dangereux, M. 238.
— Maux qui excitent la pitié, M. 264.
— Pourquoi l'on croit aisément le mal, M. 267.
— On ne connaît pas tous ceux qu'on fait, M. 269.
— Maux aigris par les remèdes, M. 288.
— Ce qui nous console de nos maux, M. 325.
— Comment nous ressentons nos maux, M. 339. Voyez *Mal*.
Méchants, M. 284.
Mécompte dans nos jugements, R. 6.
Médisance, M. 483.
Méfiance, M. 335.
Mémoire, différence entre la mémoire et le jugement, M. 89.
— Défaut essentiel de notre mémoire, M. 313.
Mensonge, M. 63
Mépris; ceux qui en sont l'objet, M. 186.
— De ceux qui le craignent, M. 322.
Mépris de la mort, M. 504.

Mérite ; de ceux qui s'en croient, M. 50.
— Il ne faut pas les détromper, M. 92.
— Marque du vrai mérite, M. 95.
— Quel est son sort ? M. 153.
— Il ne plaît pas toujours, M. 155.
— Mérite singulier, M. 156.
— Il donne quelquefois moins de réputation que l'art, M. 162.
— Effet du mérite, M. 165.
— Il est moins bien récompensé que ses apparences, M. 166.
— Quand notre bonté en a-t-elle ? M. 237.
— Mérite de certaines gens, M. 273.
— Moyen que nous prenons pour le faire valoir, M. 279.
— Il a sa saison, M. 291.
— Mérite que ne peut avoir la modération. M. 293.
— Notre goût baisse avec notre mérite, M. 379.
— Rapport de l'élévation au mérite, M. 400.
— Mérite comparé à la parure, M. 401.
— Rapport du mérite aux emplois, M. 419.
— Comment le mérite doit être jugé, M. 437.
— Du faux mérite, M. 455.
— Du mérite des femmes, M. 474.
Mines ; elles composent le monde, M. 356.
Modération ; d'où vient celle des personnes heureuses ? M. 17.
— Sa définition, M. 18.
— Comparée à l'ambition, M. 293.
— Pourquoi l'on en fait une vertu, M. 308.
— Elle est nécessaire dans la conversation, R. 5.
Moquerie, R. 2.
Mort de ceux qui vont au supplice, M. 21.
— Peu de gens la connaissent, M. 23.
— On ne peut la regarder fixement, M. 26.
— Mépris de la mort, M. 504.

N.

Nature, M. 365.
Naturel bon, M. 275.
— Confondu avec la grossièreté, M. 372.
— Ce qui l'empêche le plus, M. 431.
— Le naturel plaît toujours, R. 7.
Négociations, M. 278.
Niais, M. 208.
Noms illustres, M. 94.
Nouveauté ; sa grâce, M. 274.
— Son effet en amitié, M. 426.

O.

Obligations, M. 317.
Occasions ; leur effet, M. 345.
— dans les grandes affaires, M. 453.
— Occasion très-rare, M. 454.
— Toutes nos qualités sont à la merci des occasions, M. 470.
Opiniâtreté ; sa cause, M. 234.
— Son origine, M. 265.
Opinions ; leur condamnation, M. 13.
— Pourquoi on leur résiste, M. 234.
— Il n'est pas défendu de les conserver, R. 5.
Orgueil ; ne perd jamais rien, M. 33.
— Pourquoi se plaint-on de celui des autres ? M. 34.
— Son égalité dans tous les hommes, M. 35.
— Pourquoi la nature nous l'a donné, M. 36.
— Il est le principe de nos remontrances, M. 37.
— Comparé à l'amour-propre, M. 228.
— Il est le principe de l'opiniâtreté, M. 234.
— Ce qui le flatte le plus, M. 239.
— Il se cache sous la figure de l'humilité, M. 254.
— Son effet, M. 267.

314 TABLE

Orgueil. Son action sur l'envie, M. 281.
— De quoi s'augmente-t-il souvent? M. 450.
— Ce qu'il nous fait blâmer et mépriser, M. 462.
— Il est souvent le principe de la compassion, M. 463.
— Ses bizarreries, M. 472.
Ouverture de cœur, R. 1.

P.

Paresse, prise pour de la vertu, M. 169.
— Son pouvoir sur nous, M. 266.
— Son effet, M. 267.
— Nous en convenons aisément, M. 398.
— Paresse de notre esprit, M. 482.
— Plus grande que celle de notre corps, M. 487.
Parfait; beautés admirées sans être parfaites, R. 2.
Parler; quand parle-t-on peu? M. 137.
— Combien on aime à parler de soi, M. 138.
— Manière de parler à propos, M. 139.
— Comment parlent les grands et les petits esprits, M. 142.
— Effet du plaisir que l'on prend à parler de soi, M. 314.
— Pourquoi nous ne parlons pas à cœur ouvert à nos amis, M. 315.
— De qui faut-il le moins parler? M. 364.
— Envie de parler de nous, M. 383.
— Art de bien parler, R. 5.
Passions; leur durée, M. 5.
— Leurs effets, M. 6.
— Ces effets sont pris pour ceux d'un grand dessein, M. 7.
— Elles persuadent toujours, M. 8.
— Leur injustice, M. 9.
— Leur génération perpétuelle, M. 10.
— Elles produisent leurs contraires, M. 11.
— On peut toujours les distinguer, M. 12.
— Comment nous leur résistons, M. 122.
— Leur danger, M. 188.

Passions. Quelle est la plus forte? M. 266.
— Effet de l'absence sur les passions, M. 276.
— La passion moins forte que la coquetterie chez les femmes, M. 334.
— Les passions de la jeunesse, M. 341.
— Les passions développent nos talents, M. 404.
— Celle qui nous rend le plus ridicules, M. 422.
— Celle qui nous agite le plus, M. 443.
— Nous ne connaissons pas toute leur force, M. 460.
— Quelle est celle qui sied le mieux aux femmes ? M. 466.
— Des premières passions chez les femmes, M. 471.
— Passions des personnes faibles, M. 477.
— Quand est-on le plus près de prendre une nouvelle passion? M. 484.
— Des grandes passions, M. 485.
— Passions des gens remplis d'eux-mêmes, M. 500.
Pénétration; son plus grand défaut, M. 377.
— Elle flatte notre vanité, M. 425.
Persévérance; ce que c'est, M. 177.
Perspective, M. 104.
Persuasion, M. 8.
Peur, M. 370.
Philosophes; leur attachement ou leur indifférence pour la vie, M. 46.
— Leur mépris des richesses, M. 54.
— Leur mépris de la mort, M. 504.
Philosophie, M. 22.
Pitié, M. 264.
Plaire, M. 413.
— Moyen de plaire, R. 5.
Plaisant (Esprit), R. 2.
Plaisir, M. 123.
Point de vue, R. 4.
Politesse de l'esprit, M. 99.
— Elle manque aux jeunes gens, M. 372.
— Devoirs de la politesse, R. 5.

Poltronnerie complète, très-rare, M. 215.
— Se méconnaît elle-même, M. 370.
Préoccupation, M. 92.
— Préoccupation de notre goût, R. 3.
Princes ; leur clémence, M. 15.
— Un flatteur les injurie, M. 320.
Procédé, M. 170.
Production d'esprit, R. 2.
Professions, M. 256.
Promesses, M. 28.
Proportion, R. 6.
Propriétés des hommes, M. 344.
Prudence ; son insuffisance, M. 65.
— Celle que l'on doit mettre dans la confiance, R. 1.

Q.

Qualités ; inconvénients des bonnes qualités, M. 29.
— Faciles ou difficiles à connaître, M. 80.
— Comment nous estimons celles de nos amis, M. 88.
— Il en faut l'économie, M. 159.
— Art de les mettre en œuvre, M. 162.
— Leurs disgrâces, M. 251.
— Celles que nous ne pouvons apercevoir, M. 337.
— Naturelles ou acquises, M. 365.
— Qualités de nos ennemis, M. 397.
— Celle qui nous place au-dessus des autres, M. 399.
— Marque des grandes qualités, M. 433.
— Leur usage décide du vrai mérite, M. 437.
— Les nôtres nous semblent les meilleures, M. 452.
— Qualités que nous méprisons, M. 462.
— De certaines méchantes qualités, M. 468.
— Toutes sont incertaines, M. 470.
— Qualités singulières, M. 493.
— Qualités solides, M. 498.

Qualités fausses, R. 6.

— Nos manières doivent convenir à nos qualités, R. 7.

Querelles, M. 496.

R.

Raillerie, R. 2.

— Ce qui la fait entendre, R. 4.

Raison; nous ne la suivons pas, M. 42.

— Quel est l'homme raisonnable, M. 105.

— Notre faiblesse supplée à notre raison, M. 325.

— Ce qu'il faut que la raison fasse, M. 365.

— La vanité nous domine plus que la raison, M. 467.

— Souhaits que l'on fait par raison, M. 469.

— Elle doit tout apprécier, R. 6.

Reconciliation, M. 82.

Reconnaissance; son principe, M. 223.

— Elle n'est que dans le cœur, M. 224.

— Cause du mécompte qui s'y trouve, M. 225.

— Trop empressée, M. 226.

— Ce qu'elle est dans la plupart des hommes, M. 298.

— Où elle se trouve et où elle manque, M. 299.

— Reconnaissance qui paye plus qu'elle ne doit, M. 438.

Règles de la conversation, R. 5.

Regrets; ne supposent pas toujours l'affliction, M. 355.

Remèdes de l'amour, M. 459.

Remontrances, M. 37.

Repentir, M. 180.

Repos; pourquoi nous l'exposons, M. 268.

Reproches, M. 148.

Réputation; de qui nous la faisons dépendre, M. 268.

— Nous pouvons toujours la rétablir, M. 412.

Richesses, M. 54.

Ridicule; les bonnes copies le font voir, M. 133.

— Ce qui en donne le plus, M. 134.

Ridicule. Tout le monde en a, M. 311.
— Rien ne déshonore autant, M. 326.
— Moyen d'éviter un ridicule, M. 418.
— Fautes les plus ridicules, M. 422.

S.

Sagesse, aisée pour les autres, M. 132.
— Augmente et diminue avec l'âge, M. 210.
— Quand la sagesse est folie, M. 231.
— Elle est à la merci de la fortune, M. 323.
Sciences, R. 6.
Secret; son importance, R. 1.
Sensibilité apparente, M. 275.
— Elle est due aux malheurs de nos amis, M. 434.
— Ce qui la passe, M. 464.
Sentiments; ont chacun un extérieur qui leur est propre. M. 255.
— Comment on peut les conserver, M. 319.
— Sentiments vrais ou faux, R. 6.
Sentir; beautés que tout le monde sent, R. 2.
Sévérité des femmes, M. 204.
— N'est jamais complète sans aversion, M. 333.
Signification du mot *goût*, R. 3.
Silence, M. 79.
Simplicité, M. 289.
Sincérité; sa définition, M. 62.
— Ne peut s'allier avec la faiblesse, M. 316.
— Ce qui la compose en grande partie, M. 383.
— Son utilité, M. 457.
— Sincérité des amants, M. 106.
— Comment elle diffère de la confiance. R. 1.
Société; ce qui la fait durer, M. 87.
— De la société des autres, M. 201.
— Sur la société, R. 4.
Sortes d'esprit, R. 2.

Sots; utilité de leur compagnie, M. 140.
— Gens destinés à l'être, M. 309.
— Un sot n'est jamais bon, M. 387.
— Sots les plus incommodes, M. 451.
— On n'est point sot avec du jugement, M. 456.
— On l'est avec de l'esprit, R. 2.
Souhaits, M. 469.
Subtilité, M. 128.

T.

Talents, M. 468.
Tempérament, principe de la valeur des hommes et de la vertu des femmes, M. 220.
— Il s'annonce de bonne heure, M. 222.
— Tempérament des femmes, M. 346.
Temps de parler, R. 5.
Tiédeur, M. 341.
Timidité métamorphosée en vertu, M. 169.
— Il est dangereux d'en faire le reproche, M. 480.
Titre dont on abuse, R. 2
Ton, R. 7.
Tort, M. 386.
Trahison; pourquoi elle se fait, M. 124.
— D'où elle vient, M. 126.
Travers, M. 318.
Tromperie justifiée par la défiance, M. 86.
— Nécessaire dans la société, M. 87.
— Celle dont on ne se console point, et celle dont on est satisfait, M. 114.
— Facile ou difficile, M. 115.
— Ordinaire à ceux qui demandent des conseils, M. 116.
— Le trompeur est aisément trompé, M. 117.
— Danger de l'intention de ne pas tromper, M. 118.
— Celui qui se croit le plus fin est le mieux trompé, M. 127.
— L'homme habile trompe difficilement l'homme grossier, M. 129.

Tromperie. Celui qui se trompe le plus, M. 201.
— c'est quelquefois un bonheur d'être trompé, M. 395.
Tyrannie de nos amis, R. 1.

V.

Valeur ; n'appartient pas toujours à celui qui est vaillant, M. 1.
— Ses causes, M. 213.
— Valeur des soldats, M. 214.
— Parfaite valeur, M. 215.
— Ce que c'est, M. 216.
— Quand devient-elle intrépidité ? M. 217.
— La valeur ordinaire, M. 219.
— Quel en est le principe ? M. 220.
— Adresse des gens braves, M. 221.
— La valeur doit être donnée par la nature, M. 365.
— D'où vient l'inégalité de courage, M. 504.
Vanité ; nous fait parler, M. 137.
— Effet de notre vanité, M. 141.
— Elle est nécessaire à la vertu, M. 200.
— Vanité de celui qui se croit nécessaire, M. 201.
— Elle cause souvent nos afflictions, M. 232.
— Elle ébranle toutes les vertus, M. 388.
— Pourquoi celle des autres est insupportable, M. 389.
— Elle nous agite toujours, M. 443.
— Son pouvoir sur nous, M. 467.
— Cause ordinaire de la médisance, M. 483.
Variété dans l'esprit, R. 4.
Vaudevilles comparés à certaines gens, M. 211.
Vérité ; combien nuisent ses apparences, M. 64.
— Elle se trouve dans les jugements de nos ennemis, M. 458.
Vertus ; souvent fausses, M. 1.
— Où faut-il les plus grandes ? M. 25.
— Paresse prise pour la vertu, M. 169.
— Où se perdent les vertus, M. 171.

Vertus. Les vices entrent dans leur composition, M. 182.
— De ceux qui n'en ont point, M. 186.
— Le nom de la vertu, M. 187.
— Bornes pour les vertus, M. 189.
— La vertu a besoin de la vanité, M. 200.
— Le vice lui rend hommage, M. 218.
— L'intérêt le met en œuvre, M. 253.
— La fortune la fait paraître, M. 380.
— La vanité l'ébranle ou la renverse, M. 388.
— La faiblesse lui est opposée, M. 445.
— Les méchants n'osent paraître ses ennemis, M. 489.
Vices entrent dans la composition des vertus, M. 182.
— Tous ceux qui en ont ne sont pas méprisés, M. 186.
— Ils ne servent pas mieux l'intérêt que la vertu, M. 187.
— Bornes pour les vices, M. 189.
— Nous ne les pouvons éviter, M. 191.
— Ce sont eux qui nous quittent, M. 192.
— Pourquoi ne s'abandonne-t-on pas à un seul vice? M. 195.
— Hommage rendu par le vice à la vertu, M. 218.
— L'intérêt met tous les vices en œuvre, M. 253.
— Ils font le mérite de certaines gens, M. 273.
— La fortune les fait paraître, M. 380.
— Le vice est moins opposé à la vertu que la faiblesse, M. 445.
Vieillesse, pourquoi aime-t-elle à conseiller, M. 93.
— Pourquoi elle conserve ses goûts, M. 109.
— Elle augmente les défauts de l'esprit, M. 112.
— Elle rend plus fou et plus sage, M. 210.
— On peut savoir d'avance par où elle doit défaillir, M. 222.
— Tiédeur de la vieillesse, M. 341.
— Ridicule des vieilles personnes, M. 308.
— Vivacité qui augmente en vieillissant, M. 416.
— Maxime pour un vieillard, M. 418.
— Peu savent être vieux, M. 423.
— Tyrannie de la vieillesse, M. 561.
Vieux fous, M. 144.

Violence, celle qui fait le plus de peine, M. 363.
— Violences les plus cruelles, M. 369.
— Celle qui sied le mieux aux femmes, M. 466.
Vivacité, M. 416.
Vogue, M. 212.
Volonté moins grande que la force, M. 30.
— Nous ne connaissons pas toutes nos volontés, M. 295.
— Ce qui meut notre volonté, M. 297.

FIN DE LA TABLE DES MATIÈRES.

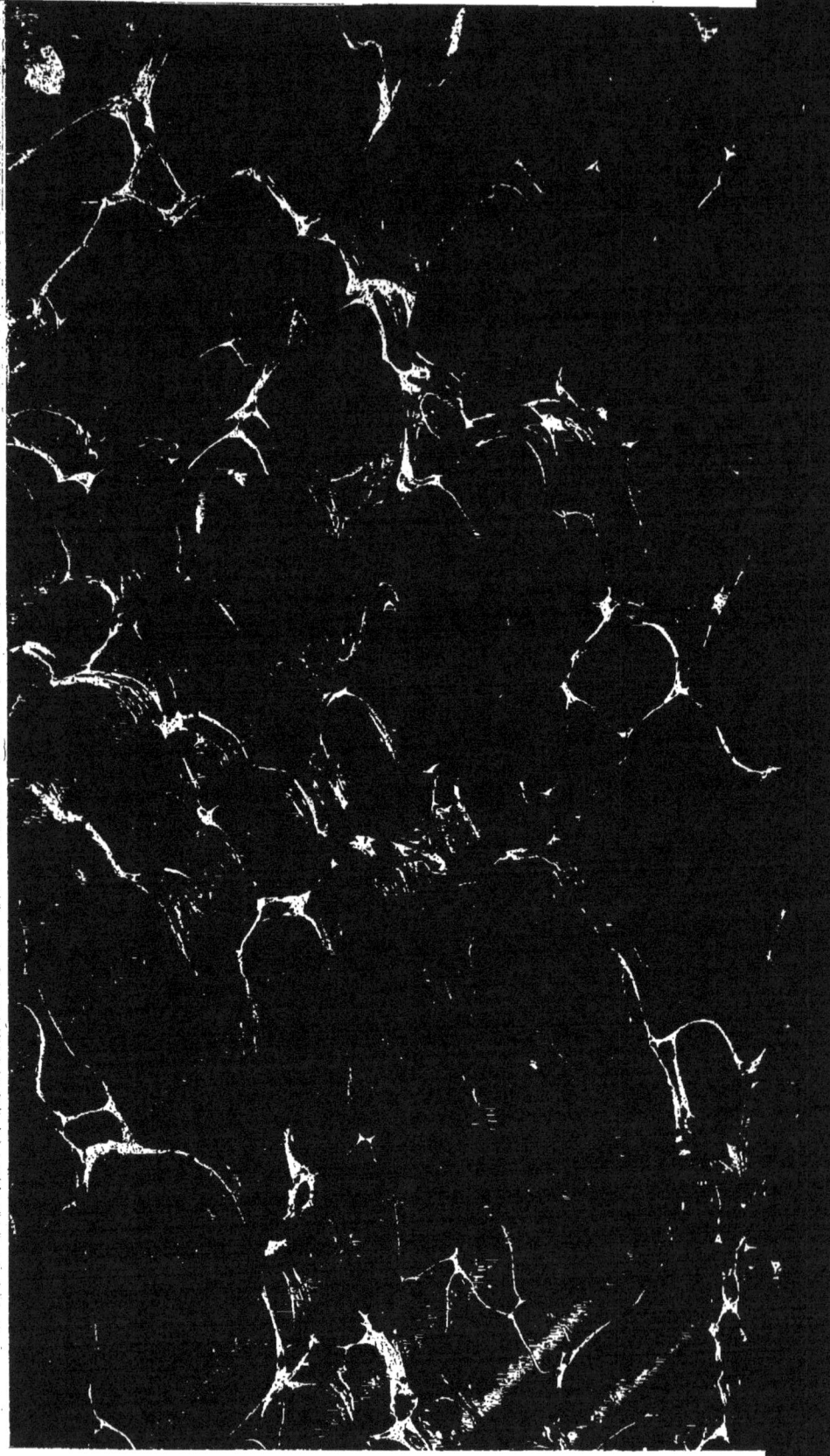

www.ingramcontent.com/pod-product-compliance
Lightning Source LLC
Chambersburg PA
CBHW060632170426
43199CB00012B/1522